©   Verlag Zabert Sandmann GmbH
München
1. Auflage 2011
ISBN 978-3-89883-304-2

Redaktion und grafische Gestaltung	Büro Meisinger, Wien
Redaktionelle Mitarbeit	Kathrin Gritschneder, Karin Kerber
Textbeiträge von	Werner Meisinger
Fotos	Alexander Haselhoff (Coverfoto, Reportagen) Christian René Schulz (Food)
Herstellung	Karin Mayer Peter Karg-Cordes
Lithografie	MMintec GmbH
Druck und Bindung	L.E.G.O., Vicenza

Besuchen Sie uns auch im Internet unter www.zsverlag.de

RUDOLF UND KARL

Vom Kochen auf dem Lande

Rezepte für den raffinierten Naturgenuss

ZABERT
SANDMANN

Vom Kochen auf dem Lande

Bitte zu beachten: *In den Rezepten steht TL für Teelöffel und EL für
Esslöffel (wenn nicht anders angegeben: gehäuft). Garzeiten und Backtem-
peraturen sind Richtwerte.*

Liebe Genießer!

Küche ist Geborgenheit. Das gilt für die Küche als Raum und es gilt für die Küche im Sinn einer gewissen Art zu kochen. Denn die Küche der Heimat vermittelt wie das Herdfeuer und das Klappern der Töpfe Sicherheit und Seelenfrieden.

Damit man das erleben kann, müssen Kochtraditionen lebendig erhalten werden. Am Land gelingt das besser als in großen Städten, denn hier wird das Wissen der Alten besser an die Jungen weitergegeben. Das Kochen auf dem Land, die Küche einer Region ist damit etwas Ursprünglicheres und Unverfälschteres als die Hochküchen der Welt oder die Verschmelzungen kulinarischer Trends und Moden. Vom Kochen auf dem Lande handelt dieses Buch. Es führt damit in die Geschichte und in einen Bereich der kulinarischen Behaglichkeit.

Wir bekennen uns zur Tradition und beziehen viele Ideen aus den Kochgewohnheiten in unserer Region. Mit diesem Buch wollen wir aber nicht die Geschichte aufarbeiten, sondern eine Geschichte fortschreiben – indem wir das Thema »Alpine Küche« in einer zeitgemäßen Art präsentieren.

Rudi und Karl Obauer und weitere Landbewohner

Alte Rezepte in moderner Stilistik sind in diesem Buch enthalten, aber auch solche, in denen die traditionelle Grundidee nicht augenfällig wird, obwohl sie die Basis der Rezepte bildet. Wir haben auch ein paar Kochanleitungen aufgenommen, die reine Volkskultur sind oder aus Familienüberlieferungen stammen – als Dank und Respektsbezeugung an und für die Menschen, mit denen wir in unserer Region zusammenleben.

Damit spannt dieses Buch einen weiten Bogen vom Historischen zum Hochmodernen und bietet neben vielen nützlichen Tipps auch die Gelegenheit zu einer Zeitreise, die beim althergebrachten Brotbacken beginnt und bei einem ganz neuen Wallerbauch mit Brennnesselsaft endet. Wir hoffen, dass die Reise durch dieses Buch eine angenehme und erlebnisreiche für Sie ist.

RUDI UND KARL OBAUER

Ein Wort zu den Obauers

Brot und Wasser, Wasser und Brot. Wie viel man da hineindenken kann. Wenn Karl und Rudolf Obauer das tun, ist die Sicherheit gegeben, dass eine neue Dimension des Genießens entsteht und gleichzeitig eine respektvolle Besinnung auf heimatliche Esskultur vergangener Zeiten. In die Form eines Buches gekleidet, bedeutet das, Zeuge zu werden, mit welcher Ehrfurcht die Obauer-Brüder den Grundlagen ihrer hohen Kochkultur begegnen.

Dem Leser eröffnet sich beim Studium der Rezepte dieses Buches eine Welt, welche *Obauer* und »*Einfach leben*« unter einen schönen großen Hut bringt.

Sᴇᴘᴘ Fᴏʀᴄʜᴇʀ

Sepp Forcher stammt aus Südtirol, verbrachte seine Jugend in Werfenweng, war Hüttenwirt und Wirt und ist durch viele Hundert Radiosendungen, TV-Filme und TV-Sendungen zum Thema Volkskultur, Landleben und Volksmusik bekannt geworden.

Sepp Forcher mit seiner Frau Helli

Vom Luxus im Alltäglichen

Mit wenigen Zutaten und einer
Prise Inspiration geht es in die höchsten Sphären
der Genusskultur.

»Das tägliche Brot« wird am Zederberghof nur einmal pro Woche gebacken, weil es so gut saftig bleibt. Damit es wird, wie es gehört – außen krustig, innen flaumig, würzig duftend –, braucht es nicht nur das Rezept, sondern auch einen gut eingefahrenen Backofen und den Wissensschatz von Generationen. Auf der nächsten Doppelseite sieht man Gunther Naynar in seiner Welt, in der die klugen Ziegen eine tragende Rolle spielen und feinste Käse gewonnen werden.

Einfach leben! Das ist ein Aufruf, den man auf zwei Arten verstehen kann. Als Empfehlung, das Leben zu leben, wie es kommt, unbeschwert in den Tag hinein. »Einfach leben« bedeutet aber auch, sich auf die essenziellen Dinge des Lebens zu beschränken, Erfüllung und Erlebnis im Unspektakulären zu suchen, im scheinbar Alltäglichen. Wer das im Bereich der kulinarischen Genüsse tut, wird vom Leben reich beschenkt werden.

Dieses einfache Leben hat bei den Obauers einen hohen Stellenwert. Bei aller Freude an der Komposition komplexer Gerichte, bei aller Notwendigkeit, in einem Spitzenrestaurant auch »Luxusprodukte« anzubieten, spielen die profanen Genussmittel im Restaurant von Karl und Rudi Obauer eine bedeutende Rolle.

Allen voran das Brot. Brot und Butter kommen als Erste auf den Tisch, und in den alpinen Regionen kann schon mit diesen urspünglichsten aller vom Menschen gemachten Lebensmittel der Aufstieg in die höchsten Genussregionen beginnen.

»Das Brot muss passen«, fordert deshalb auch Rudi Obauer, »denn damit fängt das Essen an. Brot ist die kulinarische Visitenkarte eines Hauses.« Mit großer Begeisterung werden bei Obauers verschiedene Sorten Brot selbst gebacken, knusprige Weißbrotweckerln, schmackhaftes Spinatbrot, würziges Fladenbrot. Aber nicht alle Brotsorten kommen aus dem Backofen des Restaurants. »Ein paar Sachen kannst einfach nicht besser machen als unsere Bauern«, gibt der hochdekorierte Meisterkoch unumwunden zu, »und wennst es nicht besser kannst, dann sollst es lassen.«

Besser als es in einem Restaurant möglich wäre, wird von gar nicht wenigen Bauern im Salzburger Land das traditionelle Roggenbrot gebacken. Der Sauerteig ist heikel und braucht für die optimale Entwicklung ein spezielles Klima. Nur in einem gut eingefahrenen Holzbackofen kriegt das Brot die kräftige, resche Kruste und behält dabei eine durchgehende Saftigkeit. In geflochtenen Körben wird der Teig zu großen Laiben portioniert, über die Glut geschoben und bei 300 °C Hitze in eineinhalb Stunden ausgebacken. Dampfend und duftend kommt es aus dem Ofen und bleibt dann tagelang saftig. So lange, dass solches Brot nur einmal die Woche gebacken werden muss.

Aufs Brotbacken und noch viele andere Techniken der bäuerlichen Lebenskultur versteht sich auch Gunther Naynar. Er bewirtschaftet den Hiasn-Hof im Lungau und lebt in einer eigenen Welt. Der Ort heißt Fern, und damit ist die dezentrale Lage dieses bäuerlichen Idylls auch schon beschrieben.

DER LUXUS DER BESCHEIDENHEIT

»Wir sind in hohem Maß Selbstversorger«, sagt Gunther Naynar, »aber wir wollen nicht alles zwanghaft selber machen. Wir trinken Kaffee und haben Strom!« Und gelegentlich wird auch Wein getrunken, für den man im rauen Hochland des Lungau die Trauben nicht kultivieren könnte. Aber das allermeiste für ein gutes Leben in Bescheidenheit entspringt am Hiasn-Hof doch der eigenen Scholle. Am Feld wächst der Roggen fürs Brot. Im Garten – nur eine sehr beschränkte Zeit des Jahres, aber immerhin – wuchert Gemüse. Apfel- und Birnbäume stehen in Streuobstlagen, das Wort »Hauszwetschke« hat hier seine ursprüngliche Bedeutung, weil der uralte Zwetschkenbaum tatsächlich neben dem Haus wächst. Sogar Marillen, die eigentlich zu heikel für den Lungau sind, gibt's auf dem Hiasn-Hof. »Wenn man sie spaliert, geht's schon«, sagt Gunther Naynar, »und wenn im Juni die Spätfröste kommen, muss man sie halt zudecken.« In manchen Jahren reicht das nicht, dann fällt die Marillenernte aus. »Man muss nicht immer alles haben«, sieht Gunther Naynar darin auch Positives, »wenn man immer alles hat, verliert alles an Wert.«

Fürsorglich, wie mit den Marillen, geht er mit allen Ressourcen seines Hofes um. Der große Schatz ist die Milch der Ziegen und Kühe. Daraus entsteht vor allem Käse. Für seine Käse ist Gunther Naynar in Feinschmeckerkreisen weit über die Grenzen des Lungau hinaus bekannt, und eine erste Bekanntschaft kann man damit am Käsebrett im Restaurant Obauer machen. Übrigens kriegen nicht alle Restaurants, die es wollen, Naynar-Käse, es müssen schon die richtigen Leute dahinterstehen.

»Wir leben hier im Luxus«, sagt Gunther Naynar und meint damit keinen materiellen. Ideeller Luxus herrscht am Hiasn-Hof, indem das eigene Leben ohne Ausbeutung von anderen gelebt werden kann. Geistiger Luxus, weil man in Verbundenheit mit seinem Umfeld lebt, dem sozialen Umfeld, der Natur und letztlich auch der Zeit.

GANZ EINFACH HUMMER

Das einfache Leben kann für Genießer kein bequemes sein. Rudolf Bayr, einer der Ersten, die vor gut dreißig Jahren kritisch und mit Sachverstand über Österreichs Gastronomie berichteten, hat es auf den Punkt gebracht: »Der echte Feinschmecker fährt fünfzig Kilometer zu einem Bäcker, um gutes Brot zu kriegen. Wenn er merkt, dass er keine Butter im Haus hat, fährt er nochmals fünfzig Kilometer, um frische Butter zu besorgen.«

Der Doyen der österreichischen Gourmetkritik fuhr nicht nur oft zu den Bäckern und Bauern des Salzburger Landes, er fuhr auch oft die fünfzig

Kilometer von seinem Schlösschen in Anif nach Werfen, um bei den damals noch so genannten »Obauer-Buam« zu essen. Er schätzte die kreativen Brüder für ihr Bekenntnis zu den Produkten der Region, das damals die Ausnahme von der Regel war. Man lag ganz allgemein im Bann der Nouvelle Cuisine, und lokale Spezialitäten wie Topfen von der Alm und Forellen aus dem nächsten See waren in Gourmetlokalen die Ausnahme von der Steinbutt/Gänseleber-Regel.

Dass die Obauer-Brüder nicht nur mit einfach-bodenständigen Zutaten ihre Gerichte zauberten, sondern auch ausgesprochen Unalpines in den kulinarischen Blütenkranz flochten, sah der strenge Gourmetkritiker gar nicht gern. Es half ihm nichts. Obauers hatten und haben auch eine Vorstellung vom einfachen Leben, und dazu gehören – variatio delectat! – hin und wieder Austern, Hummer und dergleichen. »Aber in ganz einfacher Zubereitung«, sagt Rudi Obauer, denn so sind auch die importierten Zutaten am besten.

Roggenbrot VON GUNTHER NAYNAR

Zutaten für 1 Laib Brot
Zubereitungsdauer ca. 1 Jahr

Gunther Naynar ist Bauer im Lungau, einer der besten Käsemacher des Landes und beispielhaft für den rücksichtsvollen Umgang mit der Natur. Mehr über die Welt von Gunther Naynar erfahren Sie auf den Seiten 14 und 15.

Mitte bis Ende September den Pflug einspannen und die Brache pflügen. Frischen Acker abtrocknen lassen. Acker eggen; im (vorteilhaften) Falle der Vorfrucht Erdapfel kann das Pflügen entfallen und sogleich geeggt werden. Acker händisch absteinen.

Pro Hektar 100 bis 120 kg Roggen per Hand oder Sämaschine säen. Falls per Hand gesät wird, muss das Saatgut eingeeggt werden. Acker walzen für Bodenschluss. Nach zwei bis drei Wochen sollte der Roggen gekeimt und erste Triebe haben. Im Zweiblattstadium geht der Roggen in den Winter. Schließt eine Schneedecke ohne vorherigen dauerhaften Bodenfrost, sollte der Schnee niedergewalzt werden, um ein Durchfrieren der Erde zu ermöglichen und so die Entwicklung des Roggens zu fördern.

Wenn der Roggen im Frühjahr 15 bis 20 cm hoch ist, wird er mit einer feinen Egge oder besser mit feinen Striegelzinken gestriegelt, um die Bestockung zu fördern und Unkraut zu schwächen. Vor der Totreife Mitte des Sommers wird der Roggen gedroschen und schnellstens mittels eines Luftventilators auf eine Restfeuchtigkeit von zirka zwölf Prozent herabgetrocknet, um Verpilzung zu vermeiden und die Mahlfähigkeit zu sichern. Danach wird der Roggen in einer mechanischen Reinigungsanlage gereinigt und sortiert. Die schwersten und größten Körner dienen als Saatgut für das nächste Jahr, der größte Teil als Brotgetreide, die kleinen und beschädigten Körner als Futter. Nun den Roggen zwei bis drei Monate abliegen lassen und nach Bedarf vermahlen.

Für das Brot 1 Handvoll Roggenmehl mit lauwarmem Wasser zu einem dickflüssigen Teig verrühren. Schüssel abdecken und den Teig 24 Stunden ruhen lassen. 1 weitere Handvoll Roggenmehl und entsprechend Wasser dazugeben. Weitere 24 Stunden ruhen lassen. 1 weitere Handvoll Roggenmehl und Wasser dazugeben und die Masse 12 Stunden ruhen lassen. Das ergibt einen Sauerteig. Von diesem Sauerteig wird die für das Brotbacken benötigte Menge weggenommen, der Rest kann gekühlt für eine spätere Verwendung aufbewahrt werden.

400 g Roggenmehl, 100 g Sauerteig und 1 Häferl (ca. 250 ml) lauwarmes Wasser verrühren und an einem warmen Ort 24 Stunden ruhen lassen. 800 g Roggenmehl mit etwa 600 ml lauwarmem Wasser, 25 g Salz und dem zuvor angesetzten Teig kneten. Den Teig an einem warmen Ort 1 Stunde ruhen lassen. Danach nochmals kräftig durchkneten und in eine Brotform legen. Weitere 30 Minuten an einem warmen Ort gehen lassen. Den Brotlaib in den auf 250 °C vorgeheizten Ofen schießen und bei 200 °C 1 bis 1½ Stunden backen.

Würstlsuppe FÜR ALLE TAGE UND FÜR ANSPRUCHSVOLLE

Zutaten für 6 Portionen
Zubereitungsdauer ca. 20 Minuten bzw. 3 Stunden

Für alle Tage
Suppenwürze
100 g feine Suppennudeln
6 Paar Frankfurter Würstl
Suppenwürze Maggi flüssig
Schnittlauch zum Garnieren

Für Anspruchsvolle
1 kg Beinfleisch
1 Zwiebel
5 Karotten
¼ Knolle Sellerie oder
2 Stück Topinambur
10 g Ingwer
2 Knoblauchzehen
1 Zweig Bohnenkraut
Suppenwürze
Salz
Pfeffer
Liebstöckelwürze *(siehe Seite 230)*
schwarze Pfefferkörner
2 Lorbeerblätter
2 Pimentkörner
60 g feine Suppennudeln
6 Paar Frankfurter Würstl
Schnittlauch zum Garnieren

1 Für die Alltags-Würstlsuppe 1½ l Wasser mit Suppenwürze nach Geschmack zum Kochen bringen, dabei mittels Kostprobe feststellen, ob die Suppenwürze richtig dosiert ist. Suppennudeln einlegen und etwa 4 Minuten kochen. Würstl einlegen und bei schwacher Hitze etwa 10 Minuten gar ziehen lassen. Suppe mit Maggi abschmecken und mit Schnittlauch bestreut servieren.

2 Für die »anspruchsvolle« Würstlsuppe das Beinfleisch mit kaltem Wasser gut abwaschen. Zwiebel waschen, mit Schale halbieren. Karotten und Sellerie schälen, Topinambur unter fließendem Wasser mithilfe einer Bürste gut reinigen. Ingwer waschen, mit Schale in Scheiben schneiden.

3 Fleisch mit Gemüse, Knoblauch und Bohnenkraut in einen Topf geben, 4 bis 5 l Wasser zugießen, Suppenwürze nach Geschmack dazugeben und das Fleisch darin köcheln. Den anfangs aufsteigenden Schaum abschöpfen. Sobald kein Schaum mehr aufsteigt, Gewürze dazugeben. Fleisch insgesamt etwa 2½ Stunden sanft köcheln; das Beinfleisch ist ausreichend gegart, sobald sich die Knochen aus dem Fleisch ziehen lassen. Fleisch und Gemüse im Topf abkühlen lassen.

4 Fett abschöpfen. Fleisch und Gemüse aus der Suppe heben und klein schneiden.

5 Suppe zum Kochen bringen, die Nudeln darin etwa 4 Minuten kochen. Würstl in daumendicke Stücke schneiden. Würstl, Fleisch und Gemüse in die Suppe geben und erwärmen. Suppe mit Salz, Pfeffer und Liebstöckelwürze abschmecken und mit Schnittlauch bestreut servieren.

Zum landläufigen Gebrauch dieser Suppe: *Würstlsuppe wird traditionell nach der Christmette gegessen, kann auch bei jeder Geselligkeit serviert werden und ist auf Almhütten unentbehrlich. Anmerkung zum Würstlkochen: Ob für alle Tage oder für Anspruchsvolle – Würstl sollten nie kochen, sondern nur knapp unter dem Siedepunkt gar ziehen.*

Roggene Blattln MIT HONIGSCHMALZ

Zutaten für ca. 40 Stück
Zubereitungsdauer ca. 1 Stunde

250 g glattes Mehl
180 g Roggenmehl
3 EL weiche Butter
1 Ei
1 Eidotter
2 EL Schlagobers
ca. 140 ml Milch
1 EL Pflanzenöl
Kreuzkümmel (gemahlen)
1 TL Zucker
Salz
Butterschmalz zum Backen *(siehe Anmerkung unten)*

Für das Honigschmalz
200 g Butter
4 EL Honig

1 Glattes Mehl mit Roggenmehl, Butter, Ei, Eidotter, Obers, Milch, Öl, 1 Prise Kreuzkümmel, Zucker und 1 Prise Salz in der Küchenmaschine zu einem festen, aber geschmeidigen Teig kneten. Dabei die Festigkeit mit der Menge der Milch einstellen. Teig etwa 30 Minuten ruhen lassen.

2 Teig auf einer bemehlten Fläche oder mit der Nudelmaschine messerrückendick ausrollen und am besten mit einem Teigrad in Stücke schneiden.

3 Reichlich Butterschmalz erhitzen und die Blattln darin schwimmend goldbraun backen. Die Blattln während des Backens immer wieder mit heißem Schmalz überschöpfen und ein- bis zweimal wenden (dadurch wird der Teig blättrig). Blattln aus dem Schmalz heben und auf Küchenkrepp abtropfen lassen.

4 Für das Honigschmalz Butter bis zur leichten Braunfärbung erhitzen und sofort den Honig einrühren. Blattln mit Honigschmalz servieren. Als Alternative zum Honigschmalz passt Marmelade. Es genügt aber auch, die Blattln mit einer Mischung aus Staubzucker und 1 guten Prise gemahlenem Zimt zu bestreuen. Für eine pikante Variante Roggene Blattln mit Sauerkraut servieren.

Zum Schmalz: *Butterschmalz ist geklärte, also von der Molke befreite und dadurch besonders hitzebeständige Butter. Die Verwendung in diesem Rezept ist eine geschmacklich buttrigere Variante der klassischen Rezeptur, denn frühere Generationen haben für die Zubereitung von »Schmalzgebackenem« – wozu diese Blattln ebenso zählen wie Krapfen, Apfelradln, Gebackene Mäuse, Arme Ritter und noch ein Dutzend und mehr weiterer süßer Gerichte – nie etwas anderes als Schweineschmalz genommen. Auch das Wiener Schnitzel wurde diesem schmackhaften Fettbad anvertraut und geriet mit entsprechendem Schmalzgeschmack.*

Eier, gerührt ...

Für 6 Portionen: 12 Eier, 250 g Schlagobers, Salz und Tabasco verrühren und unter ständigem Rühren erhitzen, bis die Masse stockt – die Eier sollten etwa fingerhoch in der Pfanne stehen.

KRÄUTERRÜHREI

Rührei wie oben beschrieben zubereiten und 5 EL fein gehackte Kräuter einrühren. Es eignen sich alle Wild- und Gartenkräuter. Geschmackskräftige Kräuter wie Liebstöckel, Salbei oder Bärlauch zurückhaltend verwenden.

HIRN MIT EI

300 g Hirn in kaltes Wasser legen und einige Stunden wässern, damit die Blutreste ausgeschwemmt werden. Das Hirn aus dem Wasser nehmen, eventuelle Knochensplitter entfernen, die Haut abziehen. Hirn mit Küchenkrepp trocken tupfen und hacken.

1 kleine Zwiebel und 1 Knoblauchzehe schälen und fein hacken. 2 EL Butter erhitzen, Zwiebel, Knoblauch und Hirn dazugeben und unter Rühren anschwitzen, bis die Masse ein wenig angezogen hat. Achtung: Hirn legt sich leicht am Pfannenboden an, daher am besten mit einer Spachtel den Boden der Pfanne frei halten.

12 Eier mit 2 EL Sauerrahm verquirlen, in die Pfanne gießen und das Rührei wie oben beschrieben fertigstellen. Zum Schluss 2 EL gehackte Kräuter einrühren. Mit oder auf Schwarzbrot servieren.

SELLERIERÜHREI

1 kleine Knolle Sellerie schälen und in Würfel von 5 mm Kantenlänge schneiden. Sellerie in einer Mischung aus halb Milch, halb Schlagobers weich kochen; so viel Milch und Obers nehmen, dass die Selleriewürfel bedeckt sind. Sellerie abseihen. Die Milch-Obers-Mischung mit den Eiern vermengen und in der Pfanne braten. Selleriegrün fein schneiden und mit den Selleriewürfeln sowie 2 EL geriebenem Bergkäse vermischen. Alles auf das Rührei geben oder mit dem Ei vermischen.

KRÄUTERSPINATRÜHREI

100 g Blattspinat und 20 g Giersch oder Zitronenmelisse putzen und waschen.

1 Schuss Haselnussöl und 1 EL Butter erhitzen. Blattspinat und Kräuter tropfnass dazugeben, mit gepresstem Knoblauch und Salz würzen. Topf zudecken und den Spinat und die Kräuter garen, bis die Blätter zusammengefallen sind (das dauert kaum länger als 30 Sekunden).

Rührei wie oben beschrieben zubereiten. Spinat und Kräuter auf das gegarte Rührei geben oder aber vor dem Garen der Eier unter die Eier-Obers-Mischung heben.

SPECKRÜHREI

1 kleine Zwiebel hacken. 150 g Speck in kleine Würfel oder in Streifen schneiden. 2 Knoblauchzehen schälen und in feine Scheiben schneiden. 1 grünen Pfefferoni putzen und in Ringe schneiden. 1 Breze oder 1 Laugengebäck in Würfel schneiden. 1 EL Butterschmalz erhitzen, Zwiebel, Speck und Knoblauch darin anschwitzen. Pfefferoni und ein wenig Quendel *(siehe Anmerkung Seite 25, ersatzweise Thymian)* einrühren. Eiermasse wie oben beschrieben in die Pfanne gießen und das Rührei fertigstellen. Knapp vor dem Ende der Garzeit Brezenwürfel einrühren.

PILZRÜHREI

3 kleine Steinpilze putzen und in kleine Würfel schneiden. In Butter mit einem Hauch gepresstem Knoblauch anschwitzen, mit 1 Schuss gebundenem Hühnerfond* ablöschen, mit Salz und Pfeffer abschmecken. Rührei wie oben beschrieben zubereiten und mit den Pilzen servieren.
Gebundener Hühnerfond ist Hühnersuppe, die durch Einkochen von Pfeilwurzelmehl angedickt wurde. Pfeilwurzelmehl (ersatzweise Maisstärke) zuvor in wenig kaltem Wasser auflösen.

… und wachsweich gekocht

Für 6 Portionen: 12 Eier behutsam in kochendes Wasser legen, Hitze reduzieren, sodass das Wasser nur noch leicht siedet. Die Eier je nach Größe 4 bis 5 Minuten garen, eiskalt abschrecken und schälen.

MIT ERDÄPFELCREME

100 g mehligkochende Erdäpfel schälen, in Scheiben schneiden und weich kochen. 200 g jungen Bergkäse fein reiben. 1 EL Salzkapern hacken.

Wasser von den Erdäpfeln abgießen, ⅛ l Milch und 125 g Schlagobers erhitzen. Erdäpfel und Käse dazugeben und mit einem Schneebesen zu einer Creme rühren. Kapern einrühren. Die wachsweich gekochten Eier auf der Käsecreme anrichten. Dazu passt Knoblauchbutter.

MIT WURZELN UND HERBSTTROMPETEN

1 Schwarzwurzel schälen, waschen, in Scheiben schneiden und in gesalzenem Wasser weich kochen. 100 g Herbsttrompeten putzen, waschen und hacken. 2 Schalotten und 1 Knoblauchzehe schälen und fein hacken. Schalotten, Knoblauch und Pilze in Butter schwenken. Mit ⅛ l Milch und 125 g Schlagobers aufgießen, salzen, pfeffern und 10 Minuten ziehen lassen.

1 EL Butter zu den Pilzen geben. Alles aufmixen, durch ein Sieb streichen und mit den Schwarzwurzeln mischen. Salzen und pfeffern.

Eier auf Ragout anrichten und mit Bergkäse bestreuen.

MIT GRÜNER SAUCE

60 g Brunnenkresse mit 80 g Jungzwiebelgrün, 120 g Schafmilchjoghurt, 120 g Buttermilch, 60 g Topfen (20 % F.i.Tr.), 2 EL Kürbiskernöl, 1 Msp. Guarkernmehl (zur Bindung), 2 Spritzern Tabasco und Salz mixen. Eier mit dieser Sauce überziehen. Dazu passen Salat und »Fingerbrötchen« *(siehe Seite 26)*.

SPARGELEIER

Von 10 dünnen Stangen grünem Spargel die Enden abschneiden, Spargel blanchieren und kalt abschrecken. 1 Schuss Kochwasser mit 4 EL Haselnussöl, 2 EL Paradeisessig und 1 Schuss Hollersirup vermischen. Spargel in Scheiben schneiden und mit der Marinade vemischen. Eier auf Spargelragout anrichten und auf jedes Ei 1 EL Brennnesselpaste *(siehe Seite 230)* geben.

BRENNNESSELEIER

150 g Brennnesselspitzen in gesalzenem Wasser etwa 3 Minuten kochen, abschrecken und mäßig ausdrücken. Mit 50 g Sauerrahm, 50 g QimiQ, 35 g Maiskeimöl, 50 g Wermut, 1 TL Krenpaste, gepresstem Knoblauch, Salz und Cayennepfeffer mixen. Eier auf der Sauce anrichten.

MIT SAUCE HOLLANDAISE

125 g Butter bei schwacher Hitze schmelzen und die Molke abschöpfen – es entsteht geklärte Butter.

⅛ l Weißwein mit 2 EL Estragonessig auf zwei Drittel der ursprünglichen Menge einkochen. Reduktion ein wenig abkühlen lassen.

2 Eidotter in die Reduktion rühren. Schüssel dafür auf einen Topf mit köchelndem Wasser stellen und die Masse bei sehr dosierter Hitze über Dampf cremig schlagen. So viel Butter nach und nach zügig einrühren, dass eine cremige Sauce entsteht.

Sauce mit Zitronensaft, Salz und Pfeffer oder Tabasco abschmecken. Eier mit Sauce überziehen. Dazu passen geschmorte Paradeiser und Fladenbrot *(siehe Seite 240)*.

Alarm 1: *Die Sauce wird nicht dick genug! 1 Dotter zusätzlich einrühren. Daraufhin dickt die Sauce schnell und gut.*
Alarm 2: *Butter und Reduktion binden nicht! 1 Schuss kochend heißes Wasser einrühren. Schon entsteht eine schöne Emulsion.*
Katastrophe: *Das Ei stockt wegen zu großer Hitze! Diese Katastrophe ist endgültig – zurück zum Start.*

Ei mit grüner Sauce

Hirn mit Ei

*Kräuter-
spinatrührei*

Speckrührei

Spargeleier

Ei mit Erdäpfelcreme

Pilzrührei

Ei mit Sauce hollandaise

Rezepte auf den Seiten 20/21

Bierradi MIT ERDÄPFELKAS

Zutaten für 6 Portionen
Zubereitungsdauer ca. 45 Minuten

400 g mehligkochende Erdäpfel
ca. 1 kg grobes Salz
3 EL gehackte Kräuter *(siehe Kasten unten)*
150 g Bröseltopfen
2 EL Sauerrahm
Essig
Salz
2 Bierradi
etwas frisch geriebener Kren, geröstete Kürbiskerne, Estragon und/oder Essigkapern zum Garnieren

1 Backofen auf 200 °C vorheizen. Erdäpfel waschen. Ein Backblech etwa 1 cm hoch mit grobem Salz bestreuen. Erdäpfel auf das Salz legen und im Ofen etwa 45 Minuten garen.

2 Erdäpfel aufdrücken und das Innere aus der Schale schaben. Erdäpfel mit gehackten Kräutern, Topfen, Rahm, 1 Spritzer Essig und Salz vermischen.

3 Radi schälen und der Länge nach in dünne Streifen schneiden (am besten mit einem Gemüseschäler). Radiblätter am breiten Ende mit Erdäpfelkas belegen und aufrollen.

4 Radirollen auf Teller setzen und mit Kren, Kürbiskernen, Estragonblättchen und/oder Essigkapern dekorieren.

Geschmack aus der Natur

Für die Zubereitung des Bierradis kann man Petersilie und Schnittlauch nehmen. Interessanter wird der pikante Jausenaufstrich aber, wenn man wilde Alpenkräuter verwendet. Besonders geeignet ist dafür QUENDEL, der wilde Thymian. Im Gegesatz zum »zahmen« Thymian bringt Quendel ein rassigeres Aroma. Da seine Blätter naturgemäß recht kräftig und hart sind, sollte man ihn vor der Verwendung sehr fein schneiden. Für Kräutersammler: Quendel gedeiht besonders gut auf Hängen mit steinigem Untergrund, in Felsritzen und an Steinmauern, kommt aber auch an Waldrändern vor. Als Halbstrauch ist er vor allem in der Blütezeit von Mai bis August recht leicht zu finden.

Fingerbrötchen PIKANT UND SÜSS

Zutaten für ca. 50 Stück
Zubereitungsdauer ca. 1 Stunde

Für den Teig
250 g glattes Mehl
10 g Germ
1 Prise Zucker
ca. 180 ml Wasser
1 Prise Salz
Butterschmalz zum Backen

Für die pikante Variante
Selleriesalz *(siehe Seite 230)* oder
Fleur de Sel
1 Knoblauchzehe
2 EL gehackte Kräuter
(z.B. Rosmarin, Liebstöckel
und/oder Basilikum)
ca. 60 ml Olivenöl
Cayennepfeffer
Rohrzucker

Für die süße Variante
100 g dunkle Schokolade (ca. 70 %
Kakaoanteil)
100 g Schlagobers
1 EL Bitterorangenmarmelade

1 Für den Teig alle Zutaten außer Butterschmalz in der Küchenmaschine mit den Knethaken zu geschmeidiger Konsistenz verarbeiten – Festigkeit durch die Zugabe von mehr oder weniger Wasser einstellen. Teig mit einem Tuch abdecken und an einem warmen Ort aufgehen lassen.

2 Teig auf eine bemehlte Fläche geben, in Stücke zupfen und in fingerförmige Nudeln wutzeln (rollen). Fingerbrötchen mit einem Tuch abdecken und den Teig nochmals ein wenig aufgehen lassen.

3 In einer großen Pfanne reichlich Butterschmalz erhitzen. Fingerbrötchen leicht goldbraun backen, aus dem Schmalz heben und auf Küchenkrepp abtropfen lassen.

4 Für eine pikante Variante die Fingerbrötchen im warmen Zustand mit Selleriesalz oder Fleur de Sel würzen. Knoblauch schälen und pressen. Knoblauch und Kräuter mit Olivenöl und je 1 Prise Cayennepfeffer und Rohrzucker verrühren. Fingerbrötchen mit dem Gewürz-Kräuter-Öl als Dip servieren.

5 Für eine süße Variante ein Schokoladenfondue zubereiten: Schokolade in Stücke schneiden oder brechen und in eine Schüssel geben. Obers erhitzen und auf die Schokolade gießen. Mit dem Schneebesen umrühren, bis die Schokolade geschmolzen und eine Schokoladensauce entstanden ist. Marmelade einrühren. Diese Sauce als Dip zu den Fingerbrötchen servieren.

Erdäpfelkrapferl MIT SPECKKRAUTSALAT

Zutaten für ca. 24 Stück
Zubereitungsdauer ca. 1 Stunde

Für den Teig
300 g glattes Mehl
200 g Roggenmehl
2 Eier
Pflanzenöl

Für den Salat
1 kleiner Kopf Weißkraut
100 g Bauchspeck
Salz
Pfeffer
1–2 TL Zucker
Kümmel (ganz)
Suppenwürze
ca. ⅛ l Weißweinessig

Für die Fülle
250 g mehligkochende Erdäpfel
80 g Pignoli
1 Zwiebel
1 Bund Schnittknoblauch
1 Handvoll Sauerampfer
100 g Schotten (ersatzweise
Bröseltopfen)
2 EL Sauerrahm
1 TL Paprikapulver (edelsüß)
Kreuzkümmel (gemahlen)
Salz
Pfeffer

1 Für den Teig glattes Mehl mit Roggenmehl, Eiern, ein paar Spritzern Öl und lauwarmem Wasser zu einem festen, elastischen Teig kneten – die Festigkeit des Teigs mit der Wassermenge einstellen. Teig in Frischhaltefolie einschlagen und etwa 30 Minuten ruhen lassen.

2 Für den Salat Kraut vierteln, Strunk ausschneiden und das Kraut in feine Streifen schneiden. Kraut in eine Schüssel geben. Speck in feine Streifen schneiden, in einer Pfanne leicht braun rösten und mit dem Fett auf das Kraut geben. Kraut mit Salz, Pfeffer, Zucker und 1 Msp. Kümmel würzen.

3 In einem Topf ½ l Wasser mit Suppenwürze und Essig aufkochen, die Marinade soll kräftig säuerlich schmecken. Kochende Marinade auf das Kraut gießen. Schüssel zudecken und das Kraut etwa 30 Minuten ziehen lassen.

4 Für die Fülle Erdäpfel in der Schale weich kochen. Erdäpfel schälen und durch die Presse drücken. Pignoli leicht farbgebend rösten. Zwiebel schälen und fein hacken. Schnittknoblauch waschen und klein schneiden. Sauerampfer waschen und in Streifen schneiden. Erdäpfel, Pignoli, Zwiebeln, Knoblauch und Sauerampfer mit Schotten, Sauerrahm, Paprikapulver, 1 Prise Kreuzkümmel, Salz und Pfeffer vermischen.

5 Auf einer bemehlten Arbeitsfläche den Teig etwa 1 mm dick ausrollen und Kreise von 10 cm Durchmesser ausstechen. Teig mit Fülle belegen und über die Fülle falten. Ränder festdrücken.

6 Reichlich Öl in einem Topf erhitzen und die Krapferl darin schwimmend goldbraun backen. Aus dem Öl heben und auf Küchenkrepp abtropfen lassen. Erdäpfelkrapferl mit lauwarmem Speckkrautsalat servieren.

Honigschinken VOM LAMM MIT KRÄUTERN
UND SELLERIESALZ-ERDÄPFELN

Zutaten für 6 Portionen
Zubereitungsdauer ca. 16 Tage

1,3 kg Schinken vom Junglamm
(sogenanntes Kaiserteil),
Fricandeau oder auch Schopf
20 g Rosmarinnadeln
10 g Liebstöckel
5 g schwarze Pfefferkörner
10 g Korianderkapseln
30 g Pökelsalz
10 g Paprikapulver (edelsüß)
60 g Honig
100 ml Rotwein

Für die Erdäpfel
700 g junge Erdäpfel
Salz
Selleriesalz *(siehe Seite 230)*
125 g Butter

1 Das Fleisch sauber putzen, Haut und Sehnen wegschneiden.
Rosmarin waschen und hacken, Liebstöckel waschen und in feine
Streifen schneiden. Pfeffer und Koriander im Mörser zerkleinern.
Kräuter und Gewürze mit Honig und Wein vermischen, und das
Fleisch mit dieser Marinade rundherum gut einreiben. Fleisch in
Frischhaltebeutel geben, vakuumieren oder die Luft aussaugen,
luftdicht verschließen und das Fleisch gekühlt 2 Wochen beizen.
Während dieser Zeit mehrfach wenden, damit sich die Flüssigkeit
nicht am Boden absetzt.

2 Fleisch in den Beuteln in siedendes Wasser legen und knapp unter
dem Siedepunkt 15 bis 25 Minuten garen (das Fleisch muss sich
bei der Druckprobe fest anfühlen). Das Fleisch in den Beuteln in
eiskaltes Wasser legen und gekühlt 2 Tage ruhen lassen.

3 Erdäpfel waschen und mit Schale in gesalzenem Wasser kochen.
Erdäpfel abseihen, aufquetschen und auf Teller legen. Jeden
Erdapfel mit Selleriesalz bestreuen.

4 Fleisch aus den Beuteln nehmen, in Scheiben schneiden und zu
den Erdäpfeln geben. Butter bis zur leichten Braunfärbung
erhitzen. Erdäpfel und Fleisch mit nussbrauner Butter beträufeln.
In der Saison mit in Streifen geschnittenem Bärlauch bestreuen.

Variation: *Nach diesem Rezept kann auch Fleisch vom Kalb oder
Kitz zubereitet werden. Als Beilagen passen Spargel und Artischocken.
Als würzende Ergänzung empfehlen sich Schwarze Nüsse und Brom-
beergelee, wie auf den Seiten 234 und 232 beschrieben.*

Blunzn IM TOPFENTEIG

Zutaten für 6 Portionen
Zubereitungsdauer ca. 1½ Stunden

3 Äpfel (säuerliche Sorte wie Elstar)
1 EL Schweineschmalz
ca. 900 g Blutwurst (am besten 6 Würste à 150 g)
200 g Sauerkraut
Majoran (getrocknet)
2–3 verquirlte Eier
Kümmel (ganz)

Für den Teig
400 g eiskalte Butter
400 g glattes Mehl
400 g Topfen (10 % F. i. Tr.)
Salz
Zucker

1 Für den Teig eiskalte Butter in kleine Würfel schneiden. Alle Zutaten in eine Schüssel geben und mit dem Rührgerät auf niedrigster Stufe zu einer glatten Masse kneten. Teig auf einer bemehlten Fläche etwa 1 cm dick ausrollen, einmal zusammenschlagen, in Frischhaltefolie einschlagen und gekühlt etwa 30 Minuten ruhen lassen.

2 Äpfel waschen und die Kerngehäuse ausstechen. Äpfel in etwa 1 cm dicke Scheiben schneiden. In einer Pfanne Schmalz erhitzen und die Apfelscheiben darin auf beiden Seiten leicht goldbraun braten. 1 Schuss Wasser zugießen, Pfanne zudecken und die Äpfel bei schwacher Hitze weich dünsten. Äpfel aus der Pfanne heben und auf Küchenkrepp abtropfen lassen.

3 Von der Blutwurst die Haut abziehen. Blutwurst der Länge nach halbieren und in 12 Stücke schneiden. 6 Blutwurststücke mit Sauerkraut und Apfelscheiben belegen, mit etwas Majoran bestreuen, mit den restlichen Blutwurststücken abdecken und gut zusammendrücken.

4 Backofen auf 220 °C vorheizen. Teig nicht zu dünn ausrollen und in 6 rechteckige Stücke schneiden, sodass man die Würste mit gut überlappendem Teig einschlagen kann. Würste auf die Teigstücke legen, Teig rund um die Würste mit verquirltem Ei bestreichen. Würste in Teig einschlagen, Teigenden gut zusammendrücken.

5 Strudel mit der Verschlussseite nach unten auf ein mit Backtrennpapier belegtes Blech setzen. Teigreste in Streifen schneiden und die Würste damit dekorieren. Strudel mit Ei bestreichen und mit Kümmel bestreuen. Im Ofen etwa 25 Minuten goldbraun backen. Blutwurststrudel mit kräftigen Salaten wie Radicchio oder Rucola beziehungsweise mit Sauerkrautsalat als Beilage servieren.

Resteverwertung: *Wenn vom Teig etwas übrig bleibt, kann man daraus Käsegebäck zubereiten. Dafür den Teig etwa 2 mm dick ausrollen, in Streifen oder Rechtecke schneiden, mit verquirltem Ei bestreichen und mit Gewürzen wie Kräutersalz, Kümmel und Anissamen oder Mohn, gehackten Salzerdnüssen, Salzkapern oder klein geschnittenem Speck bestreuen. Im Ofen bei 220 °C in wenigen Minuten goldbraun backen.*

Leberwurstgröstl MIT APFEL-KRAUT-SALAT

Zutaten für 6 Portionen
Zubereitungsdauer ca. 40 Minuten

Für den Salat

½ Kopf Weißkraut
1 Apfel
60 ml Essig
2 EL Zucker
Salz nach Geschmack
1 Prise Kümmel (ganz)
Pfeffer
Suppenwürze nach Geschmack

Für das Gröstl

600 g Leberwurst
2 Zwiebeln
1,5 kg festkochende Erdäpfel
Schmalz oder Olivenöl zum
Braten
3 EL fein geschnittene Petersilie
1 TL frische Majoranblättchen
Essig
Salz
Pfeffer
Schnittlauch zum Garnieren

1 Für den Salat Kraut in Spalten schneiden, Strunk herausschneiden, Krautblätter in Streifen schneiden. Apfel waschen, mit Schale reiben und mit dem Kraut vermischen. Die restlichen Zutaten mit ½ l Wasser aufkochen und kochend heiß auf das Kraut gießen. Schüssel abdecken und das Kraut in der Marinade mindestens 20 Minuten ziehen lassen.

2 Für das Gröstl von der Leberwurst die Haut abziehen, die Wurst in etwa 1 cm dicke Scheiben schneiden. Zwiebeln schälen und fein schneiden.

3 Erdäpfel schälen und in 5 mm dicke Scheiben schneiden. In einer beschichteten Pfanne 1 EL Schmalz oder Olivenöl erhitzen. Einen Teil der Erdäpfelscheiben einlegen und unter mehrfachem Wenden goldbraun braten; nur so viele Erdäpfelscheiben in die Pfanne legen, dass sie nebeneinander Platz haben und nicht übereinander liegen. Rest der Erdäpfel ebenso verarbeiten, jeweils Schmalz oder Öl nach Bedarf ergänzen. Zum Schluss die Zwiebeln mitbraten – nicht am Anfang, die Zwiebeln können leicht zu braun werden. Alle Kartoffelscheiben zusammen nochmals kurz in der Pfanne aufwärmen.

4 Erdäpfel und Zwiebeln mit den Wurstscheiben, Petersilie und Majoran in die Pfanne geben und gut rösten. Mit ein paar Spritzern Essig, Salz und Pfeffer abschmecken. Mit Schnittlauch und in der Saison mit fein geschnittenem Bärlauch bestreuen.

Maultaschen MIT SELLERIEFRISCHKÄS'
UND ZITRONENSAUCE

Zutaten für 6 Portionen
Zubereitungsdauer ca. 1½ Stunden

Für den Teig
400 g Hartweizengrieß
ca. 100 g griffiges Mehl
3 Eier
4 Eidotter
1 EL Pflanzenöl
Salz
Hartweizengrieß zum Ausrollen

Für die Sauce
2 EL Zucker
Saft von 2 Zitronen (ca. 60 ml)
ca. 80 g kalte Butter

Für die Fülle
2 kleine Stangen Staudensellerie
350 g Frischkäse
1 EL gehackte Zitronenmelisse
1 EL gehackte Essigkapern
Steinklee *(siehe Kasten Seite 160)*
ca. 2 EL Olivenöl
ca. 3 EL Schwarzbrotbrösel
Salz

1 Für den Teig alle Zutaten zu einer festen, homogenen Masse kneten. Die Festigkeit des Teigs durch die Zugabe von mehr oder weniger Mehl einstellen. Teig in Frischhaltefolie einschlagen und etwa 1 Stunde ruhen lassen.

2 Für die Sauce Zucker mit 1 Schuss Wasser so lange erhitzen, bis der Zucker leicht bräunt. Diesen Karamell mit Zitronensaft ablöschen und kurz köcheln. So viel kalte Butter einrühren, dass sich eine sämige Sauce ergibt.

3 Für die Fülle Sellerie putzen, waschen und in kleine Würfel schneiden. Käse mit Sellerie, Melisse, Kapern, 2 Msp. Steinklee, Olivenöl und Schwarzbrotbröseln vermischen.

4 Teig messerrückendick ausrollen, mit einem Teigrad in Quadrate von etwa 8 cm Kantenlänge schneiden. Teig mit Fülle belegen, Teigränder rund um die Fülle mit Wasser bestreichen. Teig über die Fülle klappen und die Teigränder festdrücken.

5 In einem großen Topf reichlich Wasser mit Salz aufkochen, Maultaschen einlegen und unter dem Siedepunkt garen, bis alle Maultaschen an der Oberfläche schwimmen. Maultaschen aus dem Wasser heben und abtropfen lassen.

6 Maultaschen auf Teller geben, mit Zitronensauce überziehen und nach Belieben mit Zitronenmelisse dekorieren.

Bild auf den Seiten 34/35

Maultaschen mit Selleriefrischkäs'
(Rezept auf Seite 33)

Erdäpfelterrine MIT SAUERRAHMSAUCE

Zutaten für 1 Terrine von 2 l Inhalt (ca. 10 Portionen)
Zubereitungsdauer ca. 5 Stunden

grobes Meersalz
900 g mehligkochende Erdäpfel
150 g Pilze (z.B. Wiesen-
champignons, Eierschwammerln,
Steinpilze, Parasole)
1 Zwiebel
1 Knoblauchzehe
Maiskeimöl
1 EL gehackte Petersilie
1 TL gehackte Estragonblättchen
2 EL gehackte schwarze Oliven
250 g QimiQ
300 g Topfen (20 % F. i. Tr.)
ca. 4 EL Paradeisessig
Kümmel (ganz)
Salz
Pfeffer
Guarkernmehl *(siehe Anmerkung unten)*

Für die Sauce
1 kleine Knoblauchzehe
250 g Sauerrahm
ca. 2 EL Buttermilch
1 EL Estragonsenf
Salz
evtl. Essig

1 Backofen auf 200 °C vorheizen. Ein Backblech mit Meersalz bestreuen. Erdäpfel waschen, auf das Salz setzen und im Ofen etwa 1 Stunde garen, bis sie weich sind. Erdäpfel einschneiden und das Innere mit einem Löffel aus den Schalen kratzen.

2 Pilze putzen, in Scheiben schneiden und in einer Pfanne ohne Zugabe von Fett rösten. Zwiebel und Knoblauch schälen, hacken und in wenig Öl anschwitzen. Zwiebel, Knoblauch, Petersilie, Estragon und Oliven mit den Erdäpfeln vermischen.

3 QimiQ erwärmen, bis es flüssig ist. QimiQ mit Erdäpfelmasse und Topfen vermischen, mit Paradeisessig, 1 Msp. Kümmel, Salz und Pfeffer abschmecken. Zwecks Bindung 1 Msp. Guarkernmehl unterheben.

4 Terrinenform innen befeuchten und mit Frischhaltefolie auslegen. Masse in die Form füllen, glatt streichen und mindestens 3 Stunden kühlen.

5 Für die Sauce Knoblauch schälen, hacken und mit Rahm, Buttermilch, Senf und Salz verrühren. Eventuell mit Essig lebhaft-säuerlich abschmecken.

6 Terrine aus der Form stürzen und in Scheiben schneiden. Mit Sauerrahmsauce und knackigem Salat mit Kräutern servieren.

Binden von Saucen und Massen: *Nach der ganz traditionellen Methode werden Saucen und Massen durch das Einkochen eines sogenannten »Mehlgmachtls« gebunden, welches man durch Verrühren von Sauerrahm, Obers oder Wasser mit Weizenmehl erhält. Weniger Mehlgeschmack und mehr Bindung entsteht bei Verwendung von Maisstärkemehl, das in ganz wenig kaltem Wasser angerührt wird. Sehr empfehlenswert ist auch Tapioka- oder Pfeilwurzelmehl, das mindestens so gut bindet wie Maisstärkemehl, aber die Flüssigkeit klar lässt, während Maisstärkemehl die Saucen und Fonds trübt. Nicht zuletzt kann man auch zu Guarkernmehl greifen, welches nicht aufgelöst werden muss und schon bei geringer Dosierung enorme Bindekraft entfaltet.*

Topinambur-Gröstl MIT WALNÜSSEN
UND GERÄUCHERTER GÄNSEBRUST

Zutaten für 6 Portionen
Zubereitungsdauer ca. 1 Stunde

1 kg Topinambur
100 g Walnusskerne
Salz
1 Zwiebel
½ Knolle Fenchel
ca. 2 EL Walnussöl
Pfeffer
Balsamessig
300 g geräucherte Gänsebrust
Schnittlauch zum Garnieren

Für die Sauce
250 g Sauerrahm
2 EL Dijon-Senf
Kümmel (gemahlen)
ca. 2 TL Honig
Salz
Tabasco

1 Topinambur unter fließendem kaltem Wasser mithilfe einer Bürste gründlich reinigen. Topinambur weich dämpfen und abkühlen lassen.

2 Nüsse grob hacken und in einer Pfanne mit Salz, aber ohne Zugabe von Fett rösten.

3 Zwiebel schälen und nicht zu fein schneiden. Fenchel waschen, putzen und in dünne Scheiben schneiden. Topinambur je nach Größe halbieren oder vierteln.

4 In einer großen beschichteten Pfanne Öl mit Salz und Pfeffer erhitzen. Topinambur darin goldbraun rösten. Zwiebeln dazugeben und kurz rösten. Fenchel und Nüsse dazugeben. Mit 1 Spritzer Essig aromatisieren, mit Salz und Pfeffer abschmecken.

5 Für die Sauce Rahm mit Senf, 1 Prise Kümmel, Honig, Salz und 1 Spritzer Tabasco verrühren.

6 Gänsebrust in feine Scheiben schneiden. Schnittlauch waschen, trocken tupfen und fein schneiden. Gröstl auf Teller geben, mit Gänsebrustscheiben belegen und mit reichlich Schnittlauch bestreuen. Mit Sauce an der Seite servieren.

Paprikakutteln MIT HENDLKEULEN

Zutaten für 6 Portionen
Zubereitungsdauer ca. 3 Stunden

1,5 kg sauber geputzte und
vorgekochte Kutteln
Salz
Weißweinessig
3 Hühnerkeulen (mit Haut)
evtl. Suppenwürze
2 rote Paprikaschoten
1 Chilischote
Zucker
2 Knoblauchzehen
abgeriebene Schale von
2 unbehandelten Zitronen
Liebstöckelwürze *(siehe Seite 230)*
Tabasco
gehackte oder fein geschnittene
Kräuter (z.B. Petersilie,
Liebstöckel, Schnittlauch)

1   Kutteln in feine Streifen schneiden, in kaltem Wasser aufstellen und aufkochen. Wasser abgießen. Diesen Vorgang noch zweimal wiederholen. Kutteln erneut in reichlich frischem Wasser aufsetzen, Wasser salzen, 1 Schuss Weißweinessig zugießen und die Kutteln weich köcheln – das kann mehrere Stunden dauern. Fond abgießen.

2   Hühnerkeulen waschen, mit der Haut in kaltem Wasser mit Salz und eventuell Suppenwürze etwa 25 Minuten köcheln, bis sich das Fleisch von den Knochen löst. Hühnerkeulen aus dem Fond heben, abkühlen lassen, Haut abziehen, das Fleisch von den Knochen lösen und in Stücke zupfen.

3   Paprika- und Chilischoten putzen, waschen und in Stücke schneiden. Paprika- und Chilistücke mit 1 guten Prise Zucker und Salz sowie 1 Schuss Wasser in einem zugedeckten Topf weich dünsten. Paprika und Chili im eigenen Saft pürieren.

4   Knoblauch schälen und hacken. Kutteln mit Hühnerfleisch, Paprika-Chili-Mark, Hühnerfond, Knoblauch und Zitronenschale etwa 10 Minuten köcheln; so viel Fond verwenden, dass die Konsistenz eines Ragouts entsteht. Kutteln mit Liebstöckelwürze, Salz, Essig und Tabasco abschmecken. Kräuter unterheben.

Als weitere Würze passt Bärlauchpaste *(siehe Anmerkung Seite 58)*. Ein interessanter Effekt lässt sich auch erzielen, wenn man die Kutteln mit Sardellenpaste abschmeckt.

Gratinierte Kutteln: *Kutteln wie beschrieben zubereiten, portionsweise in Gratinierförmchen geben, mit geriebenem Bergkäse bestreuen und im vorgeheizten Backofen bei starker Oberhitze überbacken.*

Käferbohneneintopf MIT SURSTELZE

Zutaten für 6 Portionen
Zubereitungsdauer ca. 1 Woche

2 hintere Schweinsstelzen
180 g Käferbohnen
1 Zwiebel
3 Knoblauchzehen
1 Knolle Sellerie (ca. 150 g)
1 Pastinake
2 EL Butterschmalz
¼ l Grüner Veltliner
3 geh. EL Paprikapulver (edelsüß)
schwarze Pfefferkörner
½ TL Majoran (getrocknet)
Kreuzkümmel (ganz)
Senfkörner
Salz
Liebstöckelwürze *(siehe Seite 230)*
3 EL grob geschnittene Kräuter
(z.B. Petersilie, Schnittlauch,
Liebstöckel)
evtl. Borretschblüten zum
Garnieren

Für die Sur
70 g Pökelsalz
3 EL Zucker
1 Knolle Knoblauch
1 kleines Stück Zimtstange
1 Sternanis
1 TL Senfkörner
2 Gewürznelken

1 Für die Sur 3 l Wasser mit den genannten Zutaten vermischen. Stelzen in die Sur legen und abgedeckt gekühlt 1 Woche ziehen lassen. Das Fleisch sollte von der Flüssigkeit völlig bedeckt sein, daher ein entsprechendes Quantum der Sur ansetzen.

2 Bohnen mindestens 12 Stunden einweichen.

3 Stelzen in der Sur aufsetzen und die Flüssigkeit aufkochen. Aufsteigenden Schaum abschöpfen. Stelzen sieden, bis sie weich sind – das dauert etwa 2 ½ Stunden; die Stelzen sind ausreichend gegart, wenn sich der Knochen aus dem Fleisch drehen lässt.

4 Von den Stelzen die Schwarten abschneiden und in kleine Stücke schneiden. Zwiebel und Knoblauch schälen und klein schneiden. Sellerie und Pastinake schälen und in Würfel schneiden.

5 Schwartenstücke, Gemüse und Knoblauch in Butterschmalz anschwitzen. Mit Veltliner aufgießen, Paprikapulver, 1 TL gestoßenen Pfeffer, Majoran, 1 Prise Kreuzkümmel und 1 Prise Senfkörner einrühren. Das Einweichwasser von den Bohnen abseihen, Bohnen in den Saucenansatz einrühren und aufkochen. Mit etwa 1½ l Wasser aufgießen und salzen, so viel Wasser zugießen, dass die Bohnen gut bedeckt sind. Bohnen in etwa 1½ Stunden weich kochen.

6 Knochen der Stelzen auslösen. Fleisch in mundgerechte Stücke schneiden, zu den Bohnen geben und temperieren. Mit Salz und Liebstöckelwürze abschmecken. Eintopf mit Kräutern bestreuen. Als Dekoration passen auch Borretschblüten.

Schweinsbauch MIT STÜCKLKRAUT

Zutaten für 6 Portionen
Zubereitungsdauer ca. 3 Stunden

1½ kg Schweinsbauch
Salz
ca. 1 EL Essig
1 EL Zucker
1 Knolle Knoblauch
Kümmel (ganz)
2 kleine Köpfe Weißkraut
3 EL Butterschmalz
1 TL schwarze Pfefferkörner
Korianderkapseln
Majoran (getrocknet)
Kreuzkümmel (ganz)
¼ l dunkles Bier
60 ml Sojasauce
ca. 1 TL Maisstärkemehl
Pfeffer
Apfelessig zum Beträufeln

1 Schweinsbauch in gesalzenem Wasser mit Essig, Zucker, halbierter Knoblauchknolle und 1 Prise Kümmel etwa 1½ Stunden sanft köcheln. Schweinsbauch im Fond abkühlen lassen.

2 Schweinsbauch aus dem Fond heben, trocken tupfen und die Schwarte über die Breitseite in parallelen Schnitten im Abstand von 1 cm bis zum Fett einschneiden (schröpfen). Backofen auf 250 °C vorheizen.

3 Krautköpfe vierteln oder sechsteln, den Strunk herausschneiden. Das Butterschmalz in einen Bräter geben. Pfeffer und einige Korianderkapseln im Mörser zerstoßen oder mit einer flach gehaltenen Messerklinge zerdrücken und mit je 1 Prise Majoran und Kreuzkümmel vermischen. Fleisch mit dieser Würzmischung rundherum einreiben. Schweinsbauch in den Bräter legen, Krautstücke rund um das Fleisch in den Bräter schichten und alles leicht salzen.

4 Zwei Schöpfer vom Kochfond des Schweinsbauchs, Bier und Sojasauce zum Fleisch gießen. Schweinsbauch im Ofen etwa 45 Minuten braten. Fehlende Flüssigkeit immer wieder durch Fond ergänzen.

5 Schweinsbauch und Kraut aus dem Bräter heben. Etwas Maisstärkemehl in wenig Wasser anrühren. Bratensaft aufkochen und durch Einkochen von Stärkemehl leicht binden. Mit Salz und Pfeffer abschmecken. Fleisch in Scheiben schneiden und mit Stücklkraut anrichten. Saft über das Fleisch ziehen, das Kraut mit Apfelessig beträufeln.

Gegrillter Schweinsbauch MIT GURKENSALAT
UND SARDELLEN-KREN-SAUCE

Zutaten für 6 Portionen
Zubereitungsdauer ca. 2 Std.

1 EL schwarze Pfefferkörner
3 EL gehackte Kräuter
(z.B. Salbei, Majoran, Estragon)
abgeriebene Schale von
1 unbehandelten Zitrone
Salz
1 EL Krenpaste
Estragonsenf
40 cm Schweinsbauch
Pflanzenöl zum Bestreichen
Schaschlikspieße

Für den Salat
3 Gurken
fein geschnittener Schnittlauch
4 EL Sauerrahm
Saft von 1 Zitrone
2 EL Estragonessig
1 durchgepresste Knoblauchzehe
Kreuzkümmel (gemahlen)
Salz, Borretschblüten

Für die Sauce
5 Knoblauchzehen
10 Sardellen
4 EL fein geschnittener
Schnittlauch
1 EL fein geschnittener
Liebstöckel
1 EL fein geschnittene
Zitronenmelisse
4 EL frisch geriebener Kren
1 EL gehackte Salzkapern
2 EL Honig
250 g Sauerrahm

1 Pfeffer im Mörser zerreiben oder auf einem Brett mit der flachen Klinge eines Messers zerdrücken. Kräuter, Zitronenschale und Pfeffer mit 1 guten Prise Salz, Krenpaste und 1 guten Spritzer Estragonsenf vermischen. Schweinsbauch mit der Schwarte nach unten auflegen und auf der Fleischseite mit der Würzmischung gut einreiben.

2 Fleisch über die Längsseite einrollen und in fingerbreiten Abständen mit Schaschlikspießen fixieren. In ebenso breite Scheiben schneiden – es entstehen dekorative Schnecken. Fleisch beidseitig mit Öl bestreichen und unter mehrfachem Wenden am Grill knusprig braun braten.

3 Für den Salat Gurken schälen, der Länge nach halbieren und mithilfe eines Löffels die Kerne ausschaben. Gurken in etwa 1 cm breite Stücke schneiden. Schnittlauch und die restlichen Zutaten (außer Borretschblüten) zu einer Marinade verrühren. Gurken mit der Marinade vermischen und vor dem Servieren etwa 20 Minuten ziehen lassen.

4 Für die Sauce Knoblauch schälen und hacken. Sardellen hacken. Knoblauch, Sardellen, Schnittlauch, Liebstöckel, Zitronenmelisse, Kren und Kapern im Mörser zu einer Paste verreiben. Gewürzpaste mit Honig und Sauerrahm vermischen.

5 Gurkensalat mit Borretschblüten bestreuen. Gegrillten Schweinsbauch mit Sauce und Gurkensalat servieren. Dazu passt auch Burgundersenf gut: ½ l Burgunder mit 1 EL Zucker kräftig einkochen und mit 100 g scharfem Senf verrühren.

Das perfekte Grillholz: *Am besten eine Mischung aus Buchenholz und Wacholderästen verwenden. Auf die grillfertige Glut Walnusslaub streuen, das ergibt einen wunderbaren Duft.*

Die gartenfrische Kräuter– und Gemüseküche

*Alles im grünen Bereich! Wenn gleich
hinter dem Haus das aromatische
Grünzeug wuchert, ist das für den Koch
ein ganz besonderer Glücksfall.*

Würzkraft in Variationen! Von oben links: Weinrauke, die schon in geringer Dosierung den Likör so schmackhaft macht, Zitronen-melisse, die dem Obstsalat die Frische bringt und Säften ein lebhaftes Grün verleiht, Lavendel, der in den Honig und auf die Mangos passt, Zitronenthymian, den man für allerlei Desserts benötigt, und Thymianblüten, die Lamm und helles Fleisch animie-rend aromatisieren. Schnittsalat gibt es bei Obauers in vielen Sorten, weil auch dabei die Abwechslung Appetit auf mehr macht.

Auch grüne Finger lassen sich vererben. Wenn Rudi Obauer keine Zeit für Seelengymnastik im Garten hat, sorgt gerne auch Sohn Berthold dafür, dass es dem Grünzeug gut geht. Auf der vorigen Seite studiert Rudi Pichler sein handgemachtes Kräuterkompendium, in dem neben dem kulinarischen Nutzen der Garten- und Wildkräuter auch ihre wohltuenden Wirkungen verzeichnet sind.

arren hasten, Kluge warten, Weise gehen in den Garten. So schrieb der Philosoph und Dichter Rabindranath Thakur.

Das Schriftgut der fernöstlichen Denker zählt zur Grundlektüre in Obauers Küche nicht, die Gartenweisheit hat man dort dennoch verinnerlicht. Küche und Garten bilden eine Symbiose, denn wenn man Obauers Küche durch die Bäckerei und Einlegwerkstatt verlässt, steht man auch schon mitten in den Kräutern. »Eine Küche ohne Garten ist am Land undenkbar«, sagt Rudi Obauer, »das unterscheidet uns auch ganz wesentlich von den Wirtshäusern in der Stadt.«

Obauers Küchengarten ist ein Nutzgarten im besten Sinn, denn es gedeihen darin allerlei nützliche Zutaten: Kräuter von den erwartbaren Sorten wie Schnittlauch und Petersilie über Heilkräuter wie Kamille, die sich auf Desserts so gut macht, bis zur würzigen rotstieligen Minze, die nicht nur attraktiv, sondern auch die beste für den Tee ist. Salate vom beliebten Rucola über den würzigen Sauerampfer bis zum dekorativen Vogerlsalat sprießen in Beeten und Kisten. Gemüse vom zarten Spinat bis zur knolligen Topinambur sind bei Obauers hausgemacht. Aber auch Ringelblumen, Pechnelken, Astern, Margeriten und dergleichen robuste Blütenpflanzen entfalten sich hier zu bunten Büschen, denn auch Blumen gehören in einen Bauerngarten der klassischen Art.

KÖSTLICHKEITEN AUS DER DORFGARTENGEMEINSCHAFT

Aber natürlich wächst hinterm Haus bei Weitem nicht alles, was in Obauers Küche an Grünzeug benötigt wird. »Dafür müsste der Garten viel größer sein, und wir kämen aus dem Garteln gar nicht mehr raus«, betont Rudi Obauer die Unmöglichkeit einer geschlossenen Grünzeug-Hauswirtschaft, »das allermeiste wächst ja viel zu langsam.«

Dass jedes Kräutel und jede Frucht eine Zeit lang gepflegt und gehegt werden will, bevor man sie verkochen kann, hat auch Vorteile: »Wenn die Köche erleben, wie viel Mühe man investieren muss, bevor man einen reifen Paradeiser von der Staude brocken oder die Zucchiniblüten von den Stängeln schneiden kann, gehen sie in der Küche mit den Produkten ganz anders um.« Und deshalb wäre es auch ganz wichtig, wenn in der Kochschule ein Unterrichtsfach »Gartenkunde« eingeführt werden würde – Filets zu braten, Mozzarella in Scheiben zu schneiden und dekorative Kringel in Saucen zu malen ist ja leicht zu erlernen, aber das Wesen von Produkten begreifen, die Vielfalt der Aromen erkennen, das perfekt Gereifte vom Unreifen und vom Überreifen unterscheiden – das lernt man am besten bei der Gartenarbeit.

Was sie in ihrem »Wirtshausgarten« nicht finden, fällt den Obauers unter Umständen aus anderen Werfener Gärten zu. In einer intakten Dorfgemeinschaft ist man miteinander gut bekannt und weiß, was wo gedeiht. Spezialitäten wie Portulak und Malven hat der Poschacher Andi, Stachelbeeren und Johannisbeeren kriegen Obauers bei der Wölfler Sigrid, Kriecherln und Klaräpfel beim Färbinger-Onkel, und Hätscherln (Hagebutten) brockt der Berthold beim Posch Rupert.

Nicht wenig von dem, was über den Eigenbedarf der Nachbarn hinausgeht, wird bei Obauers eingekocht und kulinarisch verwertet. Das freut dann auch die Erzeuger, weil sie es als besondere Wertschätzung empfinden. Und Obauers schätzen den Wert des scheinbar Gewöhnlichen. »Ein Klarapfel ist ja mindestens so gut wie ein Golden Delicious«, sagt Rudi Obauer, »nur viel heikler. Warum sollte man solche Früchte nicht verkochen, wenn man sie pflückfrisch kriegen kann?«

Bei nächster Gelegenheit – vielleicht erst in ein paar Jahren, weil es ja doch immer viel anderes und Dringenderes zu tun gibt – würde er den eigenen Garten gern erweitern und noch ordentlicher gestalten. Nicht nur, weil man dann noch mehr hausgemachtes Grünzeug für die Küche hätte, sondern vor allem wegen der Entspannung. »Eine halbe Stunde im Garten entspricht Seelengymnastik für den ganzen Tag«, verweist Rudi Obauer auf die therapeutische Kraft des grünen Bereichs. Und in den Garten sollte man vor allem dann gehen, wenn man an nichts denken will. Dass ihm gerade im Garten die besten Ideen für neue Gerichte zufallen, mag ein Zufall sein.

Fisolensalat MIT BOHNENKRAUT UND PERLZWIEBELN

Zutaten für 6 Portionen
Zubereitungsdauer ca. 30 Minuten

500 g Fisolen
Salz
400 g Perlzwiebeln
Hollerlikör
Rotwein
ca. 2 EL Rotweinessig
ca. ½ EL schwarze Pfefferkörner
1 Zweig Bohnenkraut
2 Eier

Für das Dressing
2 EL Estragonsenf
3 EL Sherryessig
60 ml Erdnussöl
1 Ei
Salz, Pfeffer
Oregano

1 Fisolen putzen und in gut gesalzenem Wasser weich kochen. Fisolen eiskalt abschrecken und abtropfen lassen, das Kochwasser beiseitestellen.

2 Zwiebeln schälen und in einen Topf geben. Zu gleichen Teilen so viel Hollerlikör und Rotwein zugießen, dass die Zwiebeln bedeckt sind. Essig zugießen. Pfeffer in einem Mörser zerreiben oder mit der flachen Klinge eines Messers zerdrücken. Pfeffer und Bohnenkraut zu den Zwiebeln geben. Zwiebeln im offenen Topf köcheln, bis sie weich sind.

3 Für das Dressing 120 ml Fisolenkochwasser mit Senf, Essig, Öl und Ei mixen und mit Salz, Pfeffer und fein geschnittenem Oregano abschmecken.

4 Eier hart kochen (dauert etwa 10 Minuten), mit kaltem Wasser abschrecken und schälen. Dressing in Schüsseln geben. Fisolen und Zwiebeln darauflegen, Eier auf den Fisolensalat reiben. Salat mit Bohnenkraut dekoriert servieren.

Scharfe Gemüsesuppe MIT INGWER

Zutaten für 6 Portionen
Zubereitungsdauer ca. 20 Minuten

3 Karotten
1 Stange Staudensellerie
1 rote Zwiebel
3 Knoblauchzehen
ca. 2 cm Ingwerwurzel
3 Erdäpfel
100 g Champignons oder Parasole
2 EL gehackte Zitronenmelisse
Suppenwürze, ca. 2 EL Liebstöckelwürze *(siehe Seite 230)*
ca. 1 TL Maisstärkemehl
Salz, Cayennepfeffer

1 Karotten schälen und in Streifen schneiden. Sellerie putzen und in feine Scheiben schneiden. Zwiebel und Knoblauch schälen und klein schneiden. Ingwer schälen und hacken, man benötigt davon etwa 1 EL. Erdäpfel schälen und in feine Scheiben schneiden. Pilze putzen und in Scheiben schneiden. Alle vorbereiteten Zutaten außer die Pilze mit 2 l Wasser, Zitronenmelisse, Suppenwürze nach Geschmack und Liebstöckelwürze etwa 10 Minuten köcheln. Dann die Pilze dazugeben.

2 Maisstärkemehl in Wasser anrühren, so viel davon in die Suppe einkochen, dass eine leichte Bindung entsteht. Mit Salz und Cayennepfeffer scharfwürzig abschmecken.

Häuptelsalatsuppe MIT FRISCHKÄSE

Zutaten für 6 Portionen
Zubereitungsdauer ca. 45 Minuten

1 Kopf grüner Salat
1 kleine Salatgurke
1 grüner Pfefferoni
¾ l Buttermilch
250 g Magerjoghurt
¼ l Milch
ca. 2 EL Kürbiskernöl
2 TL Krenpaste
Salz, Pfeffer
3 EL geschnittener Schnittlauch
300 g Schafmilchfrischkäse
Gartenkresse zum Garnieren

1 Vom Salat den Strunk wegschneiden, unansehnliche Blätter entfernen, Salat waschen und klein schneiden. Gurke schälen, der Länge nach durchschneiden und die Kerne mit einem Löffel herausschaben. Gurke in Scheiben schneiden. Pfefferoni putzen und klein schneiden.

2 Salat, Gurke und Pfefferoni mit Buttermilch, Joghurt, Milch, Kürbiskernöl, Krenpaste, Salz, Pfeffer und Schnittlauch pürieren. Masse eventuell durch ein Sieb streichen. Suppe gut kühlen.

3 Frischkäse löffelweise oder als Nockerl in Teller geben und mit Suppe übergießen. Mit reichlich Kresse bestreuen, eventuell auch mit einem Faden Kernöl dekorieren.

Safran-Erdäpfel-Suppe

Zutaten für 6 Portionen
Zubereitungsdauer ca. 40 Minuten

ca. 8 Fäden Safran
200 g festkochende Erdäpfel
50 g Kohl
2 Knoblauchzehen
2 Schalotten
1 Scheibe Speck
ca. 2 EL Butter
glattes Mehl zum Stauben
250 g Schlagobers
Salz
Pfeffer
kalte Butter
fein geschnittene Kräuter
(z. B. Schnittlauch, Selleriegrün)

1 Safran in ein wenig Wasser einlegen. Erdäpfel schälen und in Würfel schneiden. Kohl in feine Streifen schneiden. Knoblauch und Schalotten schälen und in Scheiben schneiden.

2 Speck, Erdäpfel, Kohl, Knoblauch und Schalotten in Butter anschwitzen und mit ein wenig Mehl stauben. Mit Obers und ¾ l Wasser aufgießen, Safran dazugeben und alles etwa 20 Minuten köcheln.

3 Speck aus der Suppe entfernen. Suppe mit dem Mixstab pürieren, durch ein Sieb drücken, mit Salz und Pfeffer abschmecken und so viel kalte Butter einmixen, dass die Suppe schön gebunden ist. Als Einlage eignen sich gedünstete Kohlstreifen, in feine Scheiben geschnittener Hirschschinken oder luftgetrocknetes Fleisch. Als Garnitur fein geschnittene Kräuter wie Schnittlauch oder Selleriegrün auf die Suppe streuen.

Krensuppe

Zutaten für 6 Portionen
Zubereitungsdauer ca. 1¼ Stunden

1 Huhn (ca. 1,2 kg)
Salz
schwarze Pfefferkörner
1 Lorbeerblatt
2 Knoblauchzehen
1 kleine Zwiebel
350 g Schlagobers
ca. 200 g frischer Kren
250 g Sauerrahm
ca. 1 TL Maisstärkemehl
4 EL Butter
Tabasco
Schnittlauch zum Garnieren

1 Huhn in 4 Stücke schneiden, mit kaltem Wasser waschen, in einen Topf geben und so viel Wasser zugießen, dass die Hühnerteile gut bedeckt sind. Salz, ein paar Pfefferkörner, Lorbeerblatt sowie Knoblauch und Zwiebel (jeweils mit Schale) dazugeben. Huhn etwa 45 Minuten köcheln, bis sich das Fleisch leicht von den Knochen lösen lässt, und in der Suppe abkühlen lassen.

2 Von der abgekühlten Suppe das Fett abschöpfen. Hühnerfleisch auslösen. 1½ l Suppe durch ein feines Sieb gießen und mit dem Obers etwa 20 Minuten bei schwacher Hitze kochen.

3 Kren schälen und fein reiben. Rahm und etwa 200 g geriebenen Kren in die Suppe rühren und alles aufkochen. Suppe durch Einrühren von in Wasser angerührtem Maisstärkemehl mäßig binden. Butter einmixen, Suppe durch ein Sieb gießen und mit Salz und Tabasco pikant abschmecken.

4 Hühnerfleisch in Teller geben, heiße Suppe daraufgießen und mit frisch geschnittenem Schnittlauch bestreuen.

Radieschensuppe

Zutaten für 6 Portionen • siehe Foto rechts
Zubereitungsdauer ca. 1 Stunde

2 Bund Radieschen mit Grün
1½ l Buttermilch
220 g Sauerrahm
1 EL Krenpaste
3 EL Paradeisessig
Salz
Zucker
1 Gurke
evtl. Gartenkresse zum Garnieren

1 Radieschenblätter waschen – die großen Blätter nicht verwenden; man benötigt etwa 370 g Radieschengrün. Radieschen putzen und in feine Scheiben schneiden, man benötigt etwa 220 g Radieschen. Radieschen und Radieschengrün mit Buttermilch, Rahm, Krenpaste, Essig, Salz und Zucker im Mixer pürieren.

2 Gurke schälen, entkernen und in kleine Würfel schneiden. Gurkenwürfel in die Suppe rühren. Suppe gut kühlen.

3 Suppe am besten in Gläsern anrichten, mit Radieschengrün und/ oder Kresse bestreuen. Dazu passen Fingerbrötchen *(siehe Seite 26)* oder Fladenbrot *(siehe Seite 240)*.

Legierte Spargelsuppe MIT POCHIERTEN EIERN

Zutaten für 6 Portionen
Zubereitungsdauer ca. 45 Minuten

500 g weißer Spargel
Salz
Zucker
12 Wachteleier
ca. 3 EL Weißweinessig
3 Eidotter
1 TL Maisstärkemehl
2 Schalotten
5 EL Butter
ca. 2 EL Haselnussöl
evtl. Sauerampferblätter,
Löwenzahn, Schnittlauch oder
Schlüsselblumenblüten zum
Garnieren

1 Spargel schälen und die trockenen Enden wegschneiden. In einem Topf etwa 2 l Wasser mit ein wenig Salz und 1 kräftigen Prise Zucker aufkochen. Spargel einlegen und weich kochen. Zur Garprobe mit einer Nadel oder einem Spieß in die Spargelstangen stechen – sobald sich die Spargelstangen leicht anstechen lassen, sind sie ausreichend gekocht. Spargel aus dem Fond heben und in eiskaltes Wasser legen, den Fond beiseite stellen.

2 Wachteleier behutsam öffnen, dazu mit einer Messerspitze jeweils die Kappe abschneiden und den Inhalt in ein Schnapsglas gleiten lassen. In einen geräumigen Topf zwei Finger hoch Wasser gießen und Weißweinessig zugießen – so viel, dass das Wasser deutlich essigsauer schmeckt; nicht salzen, in gesalzenem Wasser löst sich das Eiklar auf. Wasser zum Sieden bringen. Wachteleier sanft ins Wasser gleiten lassen und etwa 2 Minuten unter dem Siedepunkt ziehen lassen. Wachteleier aus dem Topf heben und in kaltes Wasser legen.

3 Dotter mit Maisstärkemehl und 1 kleinen Schuss Spargelfond glatt rühren. Schalotten schälen, fein hacken und in 2 EL Butter anschwitzen. Mit 1 l Spargelfond aufgießen und aufkochen. Dottermischung mit dem Schneebesen einrühren, die Suppe soll dabei nicht mehr kochen. 3 EL Butter und Öl einmixen.

4 Spargel in mundgerechte Stücke schneiden und in Suppenteller legen. Wachteleier dazugeben und alles mit heißer Suppe auffüllen. Als Garnitur passen Sauerampferblätter, Löwenzahn, Schnittlauch oder Schlüsselblumenblüten.

Frühkrautsuppe MIT KANINCHEN

Zutaten für 6 Portionen
Zubereitungsdauer ca. 1 Stunde

2 Kaninchenkeulen
Salz
5 schwarze Pfefferkörner
3 Korianderkapseln
2 Gewürznelken
2 Knoblauchzehen
1 kleines Lorbeerblatt
Suppenwürze
1 Kopf Spitzkraut
1 Zwiebel
2 EL Butter
ca. 2 EL Walnussöl
1 TL Currypulver
3 TL Paprikapulver (edelsüß)
Cayennepfeffer
ca. 1 TL Maisstärkemehl
Pfeffer
Paradeisessig
6 TL Bärlauchpaste *(siehe*
Anmerkung rechts und Kasten)

1 Kaninchenkeulen kalt abwaschen, in einen Topf geben und so viel kaltes Wasser zugießen, dass die Keulen bedeckt sind. Salz, Pfefferkörner, Koriander, Gewürznelken, Knoblauch mit der Schale, Lorbeerblatt und ein wenig Suppenwürze dazugeben. Keulen etwa 40 Minuten köcheln, bis sich das Fleisch leicht von den Knochen lösen lässt.

2 Kraut putzen und in breite Streifen schneiden. Zwiebel schälen und in Scheiben schneiden. Kraut und Zwiebel in Butter und Walnussöl anschwitzen. Curry, Paprikapulver und 1 Prise Cayennepfeffer einrühren. Kraut bissfest dünsten. Mit 1 l Kaninchenfond aufgießen und ein paar Minuten köcheln lassen.

3 Ein wenig Maisstärkemehl in kaltem Wasser anrühren. So viel davon in die Suppe einkochen, dass eine leichte Bindung entsteht. Suppe mit Salz, Pfeffer und Essig abschmecken.

4 Kaninchenfleisch von den Knochen zupfen, in Teller legen und mit heißer Suppe aufgießen. Als Garnitur 1 TL Bärlauchpaste in jeden Teller geben.

Bärlauchpaste: *Diese ist eine gute Möglichkeit, den saisonal sehr beschränkt verfügbaren Wohlgeschmack des Bärlauchs zu konservieren. Bärlauchpaste wie die auf Seite 230 beschriebene Brennnesselpaste zubereiten. Die Paste kann tiefgekühlt mehrere Wochen ohne Qualitätsverlust gelagert werden.*

Geschmack aus der Natur

BÄRLAUCH ist ein vielfältig nutzbares Würzmittel und in vielen Auwäldern leicht zu finden. Man achte nur sehr gut darauf, das fein nach Knoblauch duftende Kraut nicht mit den optisch ähnlichen Blättern der Maiglöckchen, Herbstzeitlosen und des Gefleckten Aronstabs zu verwechseln. Diese sind nämlich giftig. Bärlauch lässt sich zweifelsfrei erkennen, wenn man ein Blatt zwischen den Fingern zerreibt. Entfaltet sich Knoblauchduft, so ist es gut. Entfaltet sich kein solcher Duft oder bei Unsicherheit, gilt: Finger weg!

Frittierter Spargel IM NUSSLAUB

Zutaten für 6 Portionen
Zubereitungsdauer ca. 30 Minuten

1 kg grüner Spargel
ca. 50 Walnussblätter
4 Eiklar
Salz
Pflanzenöl zum Frittieren
Zahnstocher

Für die Sauce
⅛ l Gemüsesuppe
125 g QimiQ
2 EL Dijon-Senf
Sardellenpaste
2 Eier
abgeriebene Schale von
1 unbehandelten Zitrone
Salz
Currypulver

1 Für die Sauce die Suppe mit QimiQ erhitzen. Senf, 1 guten Spritzer Sardellenpaste und die Eier einmixen. Die abgeriebene Zitronenschale einrühren. Mit Salz und Curry abschmecken.

2 Vom Spargel die Enden wegschneiden, die untere Hälfte der Stangen schälen. Spargelstangen in etwa 6 cm lange Stücke schneiden. Je 2 Spargelstücke mit 1 Nussblatt umwickeln, Nussblätter mit Zahnstochern fixieren.

3 Eiklar leicht salzen und mit einer Gabel aufschlagen. Spargel-päckchen durch das Eiklar ziehen und in Pflanzenöl schwimmend backen, bis das Eiklar leicht Farbe angenommen hat. Dabei einmal wenden.

4 Spargel aus dem Fett heben und auf Küchenkrepp abtropfen lassen. Frittierten Spargel mit Sauce anrichten.

Variation: *Wer die nonvegetarische Lebensart bevorzugt, umhüllt die Spargelstangen vor dem Umwickeln mit Nusslaub noch mit Schinken- oder Salamischeiben.*

Spargeleis

Zutaten für 10 Portionen
Zubereitungsdauer ca. 1 Stunde

1 l Milch
ca. 400 g Spargelschalen
150 g Zucker
125 g QimiQ
2 EL Glukosesirup *(siehe Anmerkung unten)*

1 Milch aufkochen. Restliche Zutaten in die kochende Milch geben, Topf von der Hitze nehmen, zudecken und die Spargel-schalen etwa 15 Minuten ziehen lassen.

2 Flüssigkeit durch ein Sieb seihen und in der Eismaschine frieren. Spargeleis lässt sich gut mit Erdbeeren kombinieren.

Zum Glukosesirup: *Dieser ist auch als Trimolin bekannt und bewirkt, dass Massen beim Kühlen geschmeidig bleiben. Glukosesirup ist im Konditorbedarfshandel erhältlich, allerdings üblicherweise in 10-Liter-Gebinden. Ihr Konditor oder Confiseur kann Ihnen möglicherweise eine kleinere Menge abgeben.*

Paprika MIT FRISCHKÄSE UND MELONENSAUCE

Zutaten für 6 Portionen • siehe Foto links
Zubereitungsdauer ca. 40 Minuten

6 vollreife rote Paprikaschoten
1 Knolle Knoblauch
1 unbehandelte Zitrone
120 ml Olivenöl
4 Eiklar, Salz
600 g Kuhfrischkäse
ca. 100 g Schwarzbrotbrösel
evtl. Brunnenkresse, Essigkapern
und Honig zum Garnieren

Für die Sauce

ca. 200 g Wassermelone
ca. 2 EL Olivenöl
Tabasco, Salz

1 Für die Sauce Melone schälen, entkernen, in Stücke schneiden und mit Öl pürieren. Sauce mit Tabasco und Salz abschmecken.

2 Paprika halbieren, putzen und waschen. Zitrone waschen, trocken reiben und in Spalten schneiden. Knoblauch ungeschält in Scheiben schneiden. Paprika mit Öl, Knoblauch und Zitrone in etwa 15 Minuten weich dünsten. Backofen auf 220 °C vorheizen.

3 Eiklar mit 1 Prise Salz zu Schnee schlagen. Käse in 12 Stücke schneiden. Paprika auf ein Blech legen, in jede Schotenhälfte etwa 1 TL Brösel streuen und 1 Stück Käse setzen. Eischnee auf dem Käse verteilen. Paprika im Ofen etwa 4 Minuten erwärmen.

4 Paprikahälften mit Zitrone und Sauce anrichten, eventuell mit Kresse und Essigkapern dekorieren und noch mit einem Faden Honig überziehen.

Paradeiser MIT DATTELPASTE UND WERMUTSAUCE

Zutaten für 6 Portionen
Zubereitungsdauer ca. 30 Minuten

7 Ochsenherzparadeiser
Olivenöl, Selleriesalz

Für die Nusspaste

6 Datteln, 1 kleine Zwiebel
1 kleine Knoblauchzehe
200 g Walnusskerne
8 Blätter Pfefferminze
3 EL Walnussöl, 1 EL Honig
Salz, Cayennepfeffer

Für die Sauce

1 kleine Chilischote
⅛ l trockener Wermut
⅛ l Weißwein
Salz, Zucker

1 Für die Nusspaste Datteln entkernen, häuten und in Stücke schneiden. Zwiebel und Knoblauch schälen und klein schneiden. Nüsse hacken. Minzblätter waschen und hacken. Alles mit Öl und Honig im Mörser zu einer Paste verreiben. Mit Salz und Cayennepfeffer abschmecken.

2 Backofen auf 220 °C vorheizen. Paradeiser kurz überbrühen und die Haut abziehen. Für die Sauce 1 Paradeiser in Stücke schneiden. Chilischote hacken. Paradeiser und Chili mit den restlichen Zutaten ein paar Minuten köcheln. Alles mixen.

3 Restliche Paradeiser in je 3 dicke Scheiben schneiden und schichtweise mit Nusspaste zusammensetzen. Paradeiser in eine Form stellen, mit Olivenöl beträufeln, mit Selleriesalz bestreuen und im Ofen etwa 6 Minuten erwärmen. Paradeiser auf der Sauce anrichten und eventuell mit Minze dekorieren. Als Ergänzung passt stichfester Schafmilchjoghurt.

Karotten-Erbsen-Ragout MIT STERZPUDDING

Zutaten für 6 Portionen
Zubereitungsdauer ca. 45 Minuten

Für den Pudding
1 Schalotte
1 kleine Knoblauchzehe
ca. 2 EL Butter
⅛ l Sterzmehl vulgo Maisgrieß
oder Polenta *(siehe Anmerkung*
unten)
70 g Butterkäse
1 Ei
3 Eidotter
Salz
Muskatnuss
Pfeffer

Für die Sauce
150 g Erbsenschoten
Salz
ca. 3 EL Haselnussöl

Für das Ragout
25 junge Karotten
2 EL Butter
Salz
350 g Erbsen (ausgelöst)
Essig
Honig
2 EL gehackte Petersilie

1 Backofen auf 190 °C vorheizen. Für den Pudding Schalotte und Knoblauch schälen, fein hacken und in 1 EL Butter anschwitzen. Sterzmehl einrühren, mit 180 ml Wasser aufgießen und bei schwacher Hitze einige Minuten garen. Masse abkühlen lassen.

2 Butterkäse reiben. Das gekochte Sterzmehl mit Ei, Dottern, Salz, geriebener Muskatnuss, Pfeffer und Butterkäse vermischen. Sechs Auflaufförmchen oder Teetassen mit Butter ausstreichen, Masse in die Formen füllen. In einen Bräter oder eine Bratpfanne ein paar Zentimeter hoch Wasser füllen. Förmchen ins Wasserbad stellen und den Sterz im Ofen etwa 30 Minuten garen.

3 Für die Sauce Erbsenschoten putzen, in gesalzenem Wasser blanchieren und eiskalt abschrecken. Erbsenschoten in einen Mixbecher geben, dazu 1 Schuss Kochwasser und Haselnussöl gießen und hochtourig pürieren. Masse durch ein Sieb streichen und mit Salz würzen.

4 Für das Ragout Karotten schälen, Karottenblätter etwa 1 cm über dem Ansatz wegschneiden. Karotten in etwa ¼ l Wasser mit Butter und Salz weich kochen. Flüssigkeit bis auf einen kleinen Rest abgießen. Erbsen zu den Karotten geben, Topf zudecken und die Erbsen mit den Karotten etwa 2 Minuten dünsten. Mit Essig, Honig und Petersilie verrühren beziehungsweise abschmecken.

5 Gemüse mit Pudding und Sauce anrichten. Eventuell mit jungem Spinat und/oder Radieschenblättern garnieren. Zur Dekoration eventuell Milchschaum daraufgeben, dafür Milch auf 50 °C erwärmen und schaumig mixen.

Zum Sterz: *Dieser ist eine steirische Spezialität und kann den gesamten Tagesablauf eines traditionsbewussten oder auch bescheidenen Steirers begleiten. Man delektiert sich in der Steiermark unter anderem am Frühstückssterz und dem Grammelsterz, dem Schwammerlsterz und den exotisch bezeichneten Türkensterzen und Heidensterzen, die allerdings auch vollkommen steirischen Ursprungs sind. Sterz wird aus Maisgrieß oder Buchweizenmehl zubereitet, wobei für das Rezept auf dieser Seite Maisgrieß die geeignete Zutat ist. Von der Polenta unterscheidet sich das Sterzmehl durch geringeren Mehlanteil und gröbere Körnung.*

Warmer Karfiolsalat MIT GEBRATENEN WACHTELN

Zutaten für 6 Portionen
Zubereitungsdauer ca. 45 Minuten

6 Wachteln
60 g Butter
Salz
Quendel *(siehe Kasten Seite 25)*
3 EL Butterschmalz
Liebstöckel oder Schnittlauch
zum Garnieren
evtl. geröstete, gesalzene
Kürbiskerne

Für den Salat
1 Kopf Karfiol
1 unbehandelte Zitrone
1 kleine Zwiebel
Salz
schwarze Pfefferkörner
120 g Butter
3 EL Dijon-Senf
3 Eier

1 Backofen auf 220 °C vorheizen. Wachteln mit kaltem Wasser innen und außen waschen und trocken tupfen. Butter schmelzen, Wachteln rundherum mit Butter bestreichen, innen und außen salzen, und in die Bauchhöhlen ein wenig Quendel geben.

2 In einem großen Bräter (groß genug für alle Wachteln) Butterschmalz erhitzen. Wachteln mit der Brust nach oben in den Bräter setzen und im Ofen etwa 25 Minuten braten, dabei immer wieder mit Butterschmalz aus dem Bräter übergießen; wenn sich das Brustfleisch fest anfühlt, sind die Wachteln ausreichend gebraten.

3 Für den Salat Karfiol putzen, waschen, in Röschen teilen und den Strunk in feine Scheiben schneiden. Zitrone waschen, trocken reiben und mit der Schale in haselnussgroße Stücke schneiden. Zwiebel schälen und klein schneiden.

4 Wasser mit Salz und ein paar Pfefferkörnern aufkochen. Karfiol, Zitronen- und Zwiebelstücke einlegen und die Karfiolröschen darin etwa 15 Minuten weich köcheln.

5 Butter bis zu nussbrauner Farbe erhitzen, sofort vom Herd nehmen und in einen anderen Topf oder eine Tasse gießen, damit sie nicht zu dunkel wird.

6 Karfiol abseihen, dabei den Fond auffangen. ¼ l Fond mit Senf, Eiern und brauner Butter zu einer Sauce mixen. Sauce mit Salz abschmecken.

7 Karfiol auf Teller geben und mit Sauce überziehen. Wachteln auf den Karfiolsalat setzen. Alles mit fein geschnittenem Liebstöckel oder Schnittlauch bestreuen. Darauf passen auch geröstete und gesalzene Kürbiskerne.

Gefüllte Zucchiniblüten MIT SAFRANSAUCE

Zutaten für 6 Portionen
Zubereitungsdauer ca. 1 Stunde

24 Zucchiniblüten
Olivenöl zum Beträufeln
einige Zweige Zitronenthymian

Für die Fülle
120 g Jasminreis
1 Zweig Minze
2 Schalotten
1 kleiner Kohlrabi
60 g Topfen (20% F. i. Tr.)
2 EL Sauerrahm
Steinklee *(siehe Kasten Seite 160)*
3 EL gehackter Sauerampfer
Paradeisessig
Salz

Für die Sauce
2 EL Milch
ca. 8 Fäden Safran
125 g Cremejoghurt
60 g Crème fraîche
Kurkuma (gemahlen)
Salz
Tabasco

1 Für die Fülle Reis mit kaltem Wasser waschen, bis das ablaufende Wasser klar ist. Reis mit 200 ml Wasser aufsetzen, Minzezweig dazugeben und den Reis im zugedeckten Topf bei ganz schwacher Hitze etwa 15 Minuten dünsten. Reis abkühlen lassen.

2 Schalotten schälen und fein hacken. Kohlrabi schälen und in kleine Würfel schneiden. Die kleinen Blätter des Kohlrabis ebenfalls klein schneiden.

3 Topfen mit Sauerrahm, 1 Msp. Steinklee, Schalotten, Kohlrabiwürfelchen und -blättern, Sauerampfer und Reis vermengen. Fülle mit Essig und Salz abschmecken.

4 Backofen auf 200 °C vorheizen. Zucchiniblüten innen und außen mit kaltem Wasser waschen. Blüten trocken tupfen.

5 Fülle in einen Spritzsack mit großer Tülle füllen. Zucchiniblüten mit der Topfenmasse füllen und auf ein mit Backtrennpapier belegtes Blech legen. Blüten mit Olivenöl beträufeln und mit ein paar Zweigen Zitronenthymian bestreuen. Zucchiniblüten im Ofen etwa 5 Minuten braten.

6 Für die Sauce Milch mit Safran erwärmen. Joghurt, Crème fraîche und 2 Msp. Kurkuma mit der Safranmilch verrühren. Sauce mit Salz und Tabasco abschmecken.

7 Safransauce auf Teller geben, Zucchiniblüten in die Sauce setzen. Dazu passt auch Paprikamarmelade, wie auf Seite 231 beschrieben.

Blaukrautstrudel MIT BIRNEN UND EIERSAUCE

Zutaten für 6 Portionen
Zubereitungsdauer ca. 1 Stunde

1 Kopf Blaukraut
2 Knoblauchzehen
1 Zwiebel
1 EL Butterschmalz
ca. 2 EL Rotwein
ca. 2 EL Amaretto
3 feste Birnen
3 EL Maronipüree
Salz, Pfeffer
Majoran (getrocknet)
Tabasco
evtl. 1 Prise Guarkern- oder
ca. 1 TL Maisstärkemehl *(siehe*
Anmerkung Seite 36)
4 Scheiben Milchbrot (Brioche)
6 Blätter Strudelteig
geschmolzene Butter zum
Bestreichen

Für die Sauce
3 Eier
125 g Crème fraîche
125 g Mascarpone
2 EL Estragonsenf
1 EL Krenpaste
Salz
Kurkuma (gemahlen)
Tabasco
Worcestershiresauce

1 Vom Kraut die äußeren Blätter ablösen, Kraut vierteln und den Strunk ausschneiden. Kraut in feine Streifen schneiden. Knoblauch und Zwiebel schälen und in feine Scheiben schneiden.

2 In einem großen Topf Butterschmalz erhitzen, Zwiebel und Knoblauch anschwitzen, Kraut dazugeben, anschwitzen und mit Wein und Amaretto ablöschen. Birnen waschen, Kerngehäuse entfernen und Fruchtfleisch in das Kraut reiben. Topf zudecken und das Kraut bei schwacher Hitze bissfest dünsten.

3 Maronipüree einrühren, Kraut mit Salz, Pfeffer, Majoran und Tabasco abschmecken. Falls das Kraut recht feucht ist, mit Guarkernmehl oder durch Einkochen von in Wasser angerührtem Maisstärkemehl binden. Masse abkühlen lassen.

4 Milchbrot in Würfel von etwa 1 cm Kantenlänge schneiden und mit dem Kraut vermischen. Backofen auf 200 °C vorheizen.

5 Auf ein Tuch 1 Blatt Strudelteig legen und mit geschmolzener Butter bestreichen. Kraut in einem etwa 1 cm hohen und 4 cm breiten Streifen auf dem oberen Viertel des Teigblatts verteilen, sodass links und rechts noch etwa 2 cm Teig frei bleiben. Oberkante und Seitenkanten des Teigs mit geschmolzener Butter bestreichen, Seitenteile über die Fülle schlagen, Strudel von oben nach unten einrollen.

6 Strudel auf ein mit Backtrennpapier belegtes Blech heben und mit geschmolzener Butter bestreichen. Den restlichen Teig und das übrige Kraut ebenso verarbeiten. Strudel im Ofen etwa 20 Minuten goldbraun backen.

7 Für die Sauce Eier hart kochen (dauert etwa 10 Minuten), kalt abschrecken, schälen und grob reiben. Eier mit Crème fraîche, Mascarpone, Estragonsenf, Krenpaste, Salz, 1 Prise Kurkuma und je 1 Spritzer Tabasco und Worcestershiresauce verrühren.

8 Strudel mit der Eiersauce servieren. Als Beilage zu diesem Strudel passen auch gebratene Steinpilze. Der Blaukrautstrudel schmeckt gut als Ergänzung von Wildgerichten.

Löwenzahn–Spinat–Kuchen

Zutaten für einen Kuchen mit 28 cm Ø (8 Stück)
Zubereitungsdauer ca. 1 Stunde

Für den Teig

250 g glattes Mehl
80 g Butter
Salz

Für die Fülle

1 Handvoll Spinat
2 Handvoll junger Löwenzahn
(siehe Kasten Seite 143)
2 Bund Jungzwiebeln
30 g Pignoli
40 g alter Bergkäse
3 Eidotter
5 Eier
250 g Schlagobers
Salz
Muskatnuss
40 g Topfen (20 % F. i. Tr.)

1 Backofen auf 220 °C vorheizen. Für den Teig Mehl, Butter, ⅛ l Wasser und 1 Prise Salz rasch verkneten. Teig etwa 3 mm dick ausrollen und in eine Springform legen, sodass der Teig über den Rand der Form lappt. Teig am Boden der Form mit einer Gabel mehrfach einstechen, damit sich beim Backen keine Blasen bilden. Im Ofen etwa 10 Minuten blind backen, bis der Teig ein wenig Farbe angenommen hat.

2 Für die Fülle Spinat und Löwenzahn putzen, in kaltem Wasser waschen und gut abtropfen lassen. Jungzwiebeln putzen, waschen und klein schneiden. Spinat, Löwenzahn, Zwiebeln und Pignoli auf dem vorgebackenen Teig verteilen.

3 Käse reiben, mit Dottern, Eiern, Obers, Salz, geriebener Muskatnuss und Topfen verrühren, die Masse sollte kräftig abgeschmeckt sein. Guss auf die Spinat-Löwenzahn-Mischung geben. Kuchen im Ofen auf der mittleren Schiene etwa 30 Minuten backen, bis der Guss gestockt ist.

4 Kuchen abkühlen lassen, aus der Form lösen und in Portionsstücke schneiden. Passt hervoragend zur Jause mit Schinken und Speck, aber auch zu geräuchertem Fisch.

Löwenzahn-Spinat-Kuchen
(Rezept auf Seite 69)

Schlutzkrapfen

MIT ARTISCHOCKENFÜLLE UND ZWIEBELSAUCE

Zutaten für 6 Portionen
Zubereitungsdauer ca. 1 Stunde

500 g Nudelteig *(siehe Seite 125)*
Salz
Majoran zum Garnieren

Für die Sauce
2 Zwiebeln
½ l Weißwein
120 ml Apfelsaft
1 EL Butter
Salz
schwarzer Pfeffer

Für die Fülle
3 große Artischocken
1 unbehandelte Zitrone
Salz
½ TL gehackter Rosmarin
1 EL gehackte Petersilie
weißer Balsamessig
ca. ½ TL Guarkernmehl *(siehe Anmerkung unten)*
100 geräucherter Nockenkäs oder sehr alter Bergkäse

1 Für die Sauce Zwiebeln schälen und hacken. Zwiebeln in einen Topf geben, Wein und Apfelsaft zugießen und die Zwiebeln darin sanft köcheln, bis die Flüssigkeit fast vollständig verdampft ist. Butter einrühren, mit Salz und Pfeffer abschmecken.

2 Für die Fülle von den Artischocken die Stiele mit einer Drehbewegung abbrechen. Zitrone waschen, trocken reiben, Schale abreiben und Saft auspressen. Artischocken in leicht gesalzenem Wasser mit etwa 3 EL Zitronensaft weich kochen (zur Garprobe mit einer Nadel am Boden anstechen – wenn die Nadel wenig Widerstand findet, sind die Artischocken ausreichend gegart). Artischocken abkühlen lassen.

3 Blätter der Artischocken abzupfen und mit einem Löffel das Mark aus den Blättern schaben. Mit einem Löffel das Heu von den Artischockenböden schaben, Artischockenböden hacken. Artischockenböden mit Artischockenmark, Rosmarin, Petersilie, abgeriebener Zitronenschale, 1 Spritzer Essig und etwas Guarkernmehl vermischen.

4 Nudelteig dünn ausrollen und Kreise von etwa 12 cm Durchmesser ausstechen. Kreise mit Artischockenfülle belegen, Teig über die Fülle falten und die Ränder mithilfe einer Gabel fest zusammendrücken.

5 In einem großen Topf reichlich Wasser mit Salz erhitzen. Schlutzkrapfen einlegen und köcheln, bis alle an die Oberfläche gestiegen sind.

6 Schlutzkrapfen auf Zwiebelsauce anrichten und geräucherten Nockenkäs darüberreiben. Mit Majoran garnieren.

Guarkernmehl: *Dieses wird aus der Guarbohne gewonnen und ist ein natürliches Verdickungsmittel. In der Küche eignet es sich hervorragend, um Massen wie die hier beschriebene Artischockenfülle bei denkbar geringer Geschmacksveränderung zu binden. Für Guarkernmehl gilt: kleine Menge – große Wirkung (große Menge – zu viel Wirkung!).*

Gesulztes vom Kaninchen

IN BLATTSALAT MIT MARILLEN UND NIEREN

Zutaten für 8–10 Portionen
Zubereitungsdauer ca. 3 Stunden

1 kg Kaninchenlebern
Erdnussöl
1 großer Kopfsalat
Salz
¼ l trockener Wermut
¼ l Weißwein
60 ml Liebstöckelwürze *(siehe Seite 230)*
Suppenwürze
55 g Gelatinepulver
Pfeffer
6 Marillen
ca. 2 EL Marillenlikör
500 g Kaninchennieren
2 Schalotten
2 Knoblauchzehen
60 ml Balsamessig
60 ml dunkles Bier
2 EL Ketchup
2 EL Salzerdnüsse
1 EL helle Sesamsamen

1 Kaninchenlebern putzen. Jede Leber halbieren. Kaninchenlebern in einen Topf geben, so viel Erdnussöl zugießen, dass die Lebern bedeckt sind, und alles erhitzen. Lebern etwa 10 Minuten im Öl köcheln und danach im Öl abkühlen lassen. Lebern auf Küchenkrepp abtropfen lassen beziehungsweise trocken tupfen.

2 Vom Salat die äußeren (aber schönen) Blätter ablösen und in gesalzenem Wasser blanchieren. Salatblätter kurz in eiskaltes Wasser legen und auf Küchenkrepp oder einem Tuch abtropfen lassen. Jedes Leberstück mit Salat umhüllen. Diese Päckchen locker in eine Form legen, die Päckchen sollten zueinander etwas Abstand haben.

3 Wermut mit Wein, Liebstöckelwürze und ½ l Wasser mit ein wenig Suppenwürze erhitzen. Gelatinepulver in dieser Mischung auflösen. Geleeansatz mit Salz und Pfeffer abschmecken und vor der Verabeitung ein wenig abkühlen lassen.

4 Geleeansatz auf die Leberpäckchen gießen. Gesulzte Lebern kühlen, bis das Gelee fest geworden ist.

5 Marillen waschen, halbieren, entkernen und in eine Pfanne legen. Marillenlikör zugießen, Marillen erhitzen, einen Deckel auf die Pfanne geben und die Pfanne vom Herd nehmen.

6 Kaninchennieren halbieren, Harnstränge ausschneiden und Häute entfernen. Nieren gut ausspülen, in gesalzenem, kaltem Wasser aufsetzen und aufkochen. Schaum abschöpfen und die Nieren etwa 5 Minuten gar ziehen lassen.

7 Schalotten und Knoblauch schälen, fein hacken und in etwa 1 EL Erdnussöl anschwitzen. Mit Essig und Bier ablöschen, Ketchup, Erdnüsse und Sesam einrühren. Nieren aus dem Fond heben, in dieser Sauce schwenken und mit wenig Salz abschmecken.

8 Kaninchenlebern stückweise aus dem Gelee schneiden und mit Nieren und Marillen anrichten.

Zart und frisch Fisch auf den Tisch

*Von Saiblingen und Renken,
Forellen und Hechten aus
dem kristallklaren Wasser der Berge*

Auf den vorigen Seiten: Fliegenfischen an der Lammer und der idyllische See im Pongauer Goldegg. Othmar Rainer betreibt bei Pfarrwerfen seine kleine, feine Fischzucht. Die Forellen und Saiblinge gibt es nicht nur frisch, sondern auch ganz schonend geräuchert. Dafür ist Martina Rainer zuständig, die weiß, welches Holz unter die Fische gehört. Was man mit den schmackhaften Räucherforellen in der Küche anfangen kann, steht auf den nächsten Seiten.

Gleich hinten beim Gastgarten der
Obauers hinaus führt ein Weg über steile
Wiesen in den kühlen Schatten der Fich-
tenwälder, verliert sich zu Trittspuren im
feuchten Waldboden, vereinigt sich da und dort
wieder mit Fahrwegen und endet – wenn man so
narrisch rennt wie der ältere der Obauer-Brüder –
schon nach einer dreiviertel Stunde auf einem
Hochplateau mit spektakulärem Blick auf das
Tennengebirge. Hintenrum, wo es höher und
immer höher ins Massiv des knapp 3000 Meter
hohen Hochkönigs hinaufgeht, ragen steinalte
Fichten in einem Halbrund in den Himmel und
spielt der Wind mit den Blättern von Birken und
Haselnussstauden. Das Herzstück dieses Berg-
idylls bildet ein Teich. Im schwarzblauen Wasser
spiegeln sich die Wolken und Baumwipfel im
scharfen Umriss, bis sich ein Fisch eine Mücke von
der Wasserfläche pflückt und das Bild zerfließt.

Die Mücken leben gefährlich auf und über diesem Wasser, denn was auf den ersten Blick nach

unberührter Natur aussieht, ist eine Teichwirtschaft. Ein attraktiver Schwarm an Bachforellen
und Saiblingen lebt hier im reinsten Quellwasser,
ernährt sich von gesündestem Futter und darf in
einem weitläufigen Revier die Schwimmübungen
vollführen. Nun ja, manchmal kommt der Fisch-
adler vorbei, aber auch der gehört zu einem intakten Biotop.

VOM WASSER IN DIE KÜCHE

Der artgerechte Lebenswandel dieser Fische hat
auch für anspruchsvolle Genießer einen Vorteil,
denn derart schonend gezogene Forellen und
Saiblinge schmecken ungleich delikater als Fische
aus kommerziell optimierter Intensivhaltung. »Die
schmecken wie wild«, sagt Rudi Obauer, und gar
nicht selten »schmecken sie sogar noch besser«.
Schlank und festfleischig sind sie und aromatisch
ohne jeden Beigeschmack.

»Frischfisch« hat in den alpinen Genussregionen eine eigene Bedeutung. In frischerem Wasser

als dem der Gebirgsflüsse, Alpenseen und den von Quellen und Wildbächen gespeisten Zuchtgehegen können Fische gar nicht leben, und wer eine geordnete Beziehung zu Teichwirten und Fischern hat, kann die Fische so frisch kriegen, wie er mag – fangfrisch, tagesfrisch, oder auch nicht gar so frisch, weil schmackhaft geräuchert.

Wie in vielen anderen Bereichen hat sich auch in der Teichwirtschaft der alpinen Regionen die Kleinteiligkeit erhalten. Im Nebenerwerb pflegen manche Bauern naturbelassene Fischteiche und kennen so was wie Massenhaltung und Ertragsmaximierung höchstens aus den Fachzeitschriften. »Den Viechern muss es gut gehen«, sagt der Fischzüchter, dem der Teich »gleich hinten hinauf« bei den Obauers gehört, und mit den Viechern meint er nicht nur die Fische, weil er ja auch Schafe, Ziegen und Milchkühe hält.

FISCHVIELFALT AUS ALPENSEEN: VOM SAIBLING BIS ZUR RENKE

Noch ein wenig besser als in den Fischteichen geht es den muntern Flossenträgern in den Seen des Salzkammerguts. Als uralte Kulturlandschaft liegt es genau im Dreiländereck von Oberösterreich, Salzburg und der Steiermark. Der Salzabbau in Bergwerken war die Grundlage für Wohlstand und kulturelle Entwicklung der Region, heute baut das Salzkammergut auf andere Werte – auf die Schönheit der Seen vor wildromantischer Felskulisse, auf den kulturellen Wert sorgsam über die Jahrhunderte gepflegter Architekturensembles, den Liebreiz der üppig grünenden und blühenden Täler und eine regionstypische Genusskultur, in der die Fische aus den Seen eine tragende Rolle spielen.

Mit der Erschließung dieses prachtvollen Erholungsraums für den Tourismus hat die Berufsfischerei im Salzkammergut an Bedeutung verloren. Ein paar Männer gibt es freilich immer noch, die ganz nach der alten Art im ersten Tageslicht mit ihren Plätten hinausfahren, um die Netze einzuholen, Reusen zu setzen und nach dem Rechten zu sehen im Revier.

Was sie den Seen entnehmen können, ist eine Mischung attraktivster Edelfische. Reinanken,

Seesaiblinge, Seeforellen, Hechte und Barsche besiedeln neben Fischen Dutzender weiterer Arten die bis zu zweihundert Meter tiefen Gewässer. Die Reinanke ist darunter eine besondere Spezialität. Die je nach Region auch Renken, Felchen oder Maränen genannten eleganten schlanken Fische sind eng mit den Forellen und Saiblingen verwandt, aber noch zarter und aromatischer als diese. In früheren Jahrhunderten waren sie als absolutes Luxusprodukt dem Adel und Klerus vorbehalten. Heute zählen sie zu den allgemein erreichbaren Genüssen.

AUF DER PIRSCH

Ob es letztendlich zum kulinarischen Hochgenuss reicht oder man doch mit leeren Händen dastehen wird, das wissen die Fliegenfischer an den Alpenflüssen nicht. Jedenfalls aber vermittelt diese Art des Fischwaids den maximalen Naturgenuss. In einem angenehmen Abstand zur Betriebsamkeit der modernen Welt, umweht vom würzigen Aromaspiel aus Wald, Moos und strömendem Wasser, symphonisch begleitet vom Rauschen des Flusses, Zwitschern der Vögel und Summen der Insekten, ist die Jagd auf die scheuen Bachforellen, Bachsaiblinge und Äschen vor allem auch ein Akt der Kontemplation. Der Fang ist den meisten Fliegenfischern wichtig, doch nicht der einzige Zweck der sportiven Auseinandersetzung mit den Salmoniden.

Der Kirchner Hans ist einer, der selten mit leeren Händen heimkommt. Seit Jahrzehnten ist er an den Gebirgsgewässern unterwegs und kennt das Verhalten und die Vorlieben »seiner« Fische so gut wie seine Angeltasche. Er zieht erst gar nicht los, wenn das Wetter oder der Wasserstand oder der Insektenflug nicht passen. Doch wenn er dann am Wasser ist, setzt er mit uhrwerksgleicher Präzision die Würfe, tippt zielgenau die federleichten Kunstfliegen auf die Gumpen und Kehrwässer, in denen die Fische stehen, und kann sich sicher sein, »dass was beißt«.

Solche Fische allerdings – Leinenfang, handgeangelt, mit Ausdauer und List erbeutet – kriegt man nur selten in Restaurants. Denn die allermeisten davon isst der Fischer selbst.

Gebeizter Seesaibling MIT APFEL-RONA-SALAT

Zutaten für 6 Portionen
Zubereitungsdauer ca. 1 Stunde

900 g Filet vom Seesaibling
(mit Haut)
Kürbiskernöl und Fenchelkraut
zum Garnieren

Für die Beize
3 Karotten
3 Schalotten
1 Knoblauchzehe
1 Lorbeerblatt
1 TL schwarze Pfefferkörner
Koriander (gemahlen)
3 Anissamen
ca. ½ TL Rosmarinnadeln
3 EL Zucker
15 g Salz
70 ml Weißweinessig

Für den Salat
800 g kleine Rona
Kümmel (ganz)
2 TL Zucker
Salz
4–6 EL frisch geriebener Kren
60 ml Ribeisellikör (Cassis)
Korianderkapseln
Apfelessig
Pfeffer
1 TL Maisstärkemehl
2 Äpfel

1 Vom Saiblingsfilet die darin verbliebenen Gräten auszupfen. Filet schräg in zwei Finger breite Tranchen schneiden. Saiblingsstücke in einen Bräter oder eine Pfanne legen.

2 Für die Beize Karotten schälen und in dicke Scheiben schneiden. Schalotten und Knoblauch schälen und in Scheiben schneiden. Karotten, Schalotten und Knoblauch mit 1 l Wasser aufsetzen, Lorbeerblatt, Pfefferkörner, 1 Prise Koriander, Anissamen, Rosmarinnadeln, Zucker, Salz und Essig einrühren. Beize aufkochen und kochend heiß auf die Saiblingsstücke gießen. Saiblingsfilets in der Beize etwa 10 Minuten ziehen lassen.

3 Für den Salat Rona unter fließend kaltem Wasser gut abbürsten und in Wasser mit 1 Prise Kümmel, Zucker und 1 TL Salz weich kochen – die Garzeit hängt stark von der Rübengröße ab und wird in der Regel zwischen 30 Minuten und 1 Stunde betragen; zur Garprobe die Rona mit einer Nadel anstechen. Rona aus dem Wasser heben, abkühlen lassen und schälen (die Haut löst sich ganz leicht). Rona in messerrückendicke Scheiben schneiden.

4 Vom Ronafond ¼ l mit geriebenem Kren, Ribeisellikör, ein paar zerdrückten oder im Mörser zerriebenen Korianderkapseln, 1 Schuss Essig sowie Salz und Pfeffer verrühren und süßsäuerlich abschmecken. Marinade aufkochen. Stärkemehl mit ein wenig kaltem Wasser verrühren und so viel davon in die Marinade einkochen, dass sie eine leichte Bindung erhält. Äpfel schälen, entkernen und auf die Rüben reiben. Marinade über die Rona-scheiben gießen und alles vermischen.

5 Apfel-Rona-Salat auf Teller geben und die Saiblingsstücke daraufsetzen. Mit einem Faden Kernöl überziehen und mit Fenchelkraut garnieren.

Forellencreme im Kohlrabi mit Kerbeljoghurt
(Rezept auf Seite 89)

Krebsensauce MIT EIERFARFEL

Zutaten für 6 Portionen
Zubereitungsdauer ca. 1½ Stunden

Salz
Kümmel (ganz)
Estragonessig
36 Flusskrebse
2 Karotten
2 Zwiebeln
2 Stangen Staudensellerie
1 Knolle Knoblauch
2 Paradeiser
ca. 2 EL Olivenöl
100 ml Cognac
750 g Schlagobers
5 Korianderkapseln
5 schwarze Pfefferkörner
1 Lorbeerblatt
1 kleiner Zweig Thymian
Cayennepfeffer
1 EL Paradeismark
ca. 1 TL Maisstärkemehl
ca. 100 g kalte Butter
Minze und evtl. Zucchiniblüten
zum Garnieren

Für die Farfel
500 g griffiges Mehl
5 Eier
Milch
Salz
Muskatnuss
Butter

1 In einem großen Topf reichlich Wasser mit Salz, 1 guten Prise Kümmel und 1 guten Schuss Essig aufkochen. Krebse in wallend kochendes Wasser einlegen und zugedeckt 1 Minute kochen. Krebse aus dem Wasser heben, Krebsschwänze ausbrechen: Dafür Kopf mit einer Drehbewegung entfernen, den ersten Ring des Schwanzteils aufbrechen und entfernen, Schwanzfleisch durch Drücken auf das hintere Ende nach vorne aus der Schale quetschen. Scheren aufbrechen und das Fleisch auslösen.

2 Schalen der Krebse grob zerstoßen. Karotten und Zwiebeln schälen und in Stücke schneiden. Sellerie putzen und in Stücke schneiden. Knoblauch und Paradeiser waschen und halbieren.

3 Olivenöl erhitzen, Krebsschalen darin anrösten. Sobald sie Farbe angenommen haben, Gemüse sowie Knoblauch dazugeben und mitschmurgeln. Mit Cognac ablöschen, 2 l Wasser, Obers und 1 kleinen Schuss Essig zugießen. 1 Mokkalöffel Kümmel, Koriander, Pfefferkörner, Lorbeerblatt, Thymian, 1 Msp. Cayennepfeffer und Salz dazugeben. Paradeismark einrühren.

4 Fond etwa 45 Minuten köcheln. Fond durch ein Sieb gießen und durch Einrühren von ein wenig in Wasser angerührtem Stärkemehl zur Sauce binden. Kalte Butter einmixen.

5 Für die Farfel Mehl mit Eiern, Milch, Salz und geriebener Muskatnuss zu einem zähflüssigen Teig schlagen. So viel Milch dazugeben, dass der Teig zäh wird (soll sich vom Löffel nur widerwillig lösen).

6 In einem großen Topf gesalzenes Wasser aufkochen. Ein Brett mit heißem Wasser befeuchten. Eine Portion vom Teig etwa 1 cm hoch auf das Brett streichen und mit einem Messer Farfel ins Kochwasser schaben. Rest des Teigs ebenso verarbeiten. Sobald die Farfel an der Oberfläche schwimmen, sind sie ausreichend gekocht. Farfel mit einem Siebschöpfer in eiskaltes Wasser heben und abkühlen lassen. Farfel nach dem Abschrecken in ein Sieb geben und gut abtropfen lassen.

7 Farfel in einer Pfanne mit Butter und 1 guten Schuss Kochwasser erhitzen und in Suppenteller geben. Krebsschwänze und -scheren in der Sauce wärmen und alles auf die Farfel schöpfen. Mit Minze und eventuell Zucchiniblüten dekorieren.

Gebeizter Karpfen MIT PAPRIKASTERZ UND SARDELLENBUTTER

Zutaten für 6 Portionen
Zubereitungsdauer ca. 1 Stunde

900 g Karpfenfilet
Butter für das Backblech
1 TL Anissamen
1 TL Fenchelsamen
80 g Salz
40 g Zucker
¼ l Estragonessig
6 Wacholderbeeren

Für die Sardellenbutter

4 Schalotten
4 Knoblauchzehen
4 Essiggurken
4 EL Essigkapern
15 Sardellen (Anchovis)
80 g Butter
½ TL gehacktes Bohnenkraut
Salz
ca. ½ TL Zitronensaft

Für den Sterz

2 gelbe Paprikaschoten
1 kleine Chilischote
1 TL Zucker
1 Knoblauchzehe
2 Tassen Sterzmehl *(siehe
Anmerkung Seite 63)*
2 EL Butter
Suppenwürze
Salz

1 Für die Sardellenbutter Schalotten und Knoblauch schälen und hacken. Gurken in kleine Würfel schneiden. Kapern hacken. Sardellen in Stücke zupfen. Butter bis zum Aufschäumen erhitzen, alle Zutaten einrühren und die Sardellenbutter mit Salz und Zitronensaft abschmecken.

2 Für den Sterz zuerst eine Paprikacreme zubereiten. Dafür Paprika und Chili putzen, waschen und in Stücke schneiden. Paprika, Chili und Zucker in einen Topf geben, so viel Wasser zugießen, dass die Paprika- und Chilistücke bedeckt sind. Paprika im zugedeckten Topf weich köcheln. Etwa zwei Drittel des Paprikafonds abgießen und auffangen. Paprika zu einer Creme pürieren. Die Konsistenz der Creme durch Zugabe von mehr oder weniger Paprikafond einstellen, die Creme sollte nicht zu dick sein.

3 Knoblauch schälen. Sterzmehl und Knoblauch in Butter anschwitzen. Mit 3 Tassen Wasser aufgießen, 1 Tasse Paprikacreme und ein wenig Suppenwürze einrühren. Sterz aufkochen und bei ganz schwacher Hitze langsam etwa 20 Minuten gar ziehen lassen. Paprikasterz mit Salz abschmecken.

4 Karpfenfilets fein schröpfen, dazu die Filets auf den Hautseiten im Abstand von wenigen Millimetern einschneiden. Eine Pfanne oder ein Backblech mit hohem Rand mit Butter ausstreichen, Filets nebeneinander in die Pfanne oder auf das Blech legen.

5 In einem Topf 2½ l Wasser mit Anis, Fenchel, Salz, Zucker, Essig und zerdrückten Wacholderbeeren aufkochen. Diese Beize auf die Karpfenfilets gießen. Pfanne oder Blech abdecken (z.B. mit Alufolie) und die Karpfenfilets etwa 10 Minuten in der Beize ziehen lassen.

6 Karpfen auf Paprikasterz anrichten. Sardellenbutter erhitzen und über die Filets ziehen.

Äschen MIT ZWIEBELPORREE

Zutaten für 6 Portionen
Zubereitungsdauer ca. 40 Minuten

Für die Erdäpfel
700 g heurige (junge) Erdäpfel
Salz
Kümmel (ganz)
100 g Butter

Für den Zwiebelporree
1 große Stange Porree
1 große Zwiebel
¼ l Riesling
4 EL Estragonessig
ca. 10 schwarze Pfefferkörner
Zucker
Salz
4–6 EL Butter

Für den Fisch
6 Äschen (à 400 g)
6 kleine frische Lorbeerblätter
reichlich Rhabarberblätter oder
Petersilie zum Dämpfen
Schnittlauch zum Garnieren

1 Erdäpfel waschen, ungeschält in leicht gesalzenem Wasser mit 1 guten Prise Kümmel weich kochen. Wasser abgießen und die Erdäpfel ein wenig ausdampfen lassen.

2 Für den Zwiebelporree vom Porree den Wurzelansatz und die dunkelgrünen Blattenden entfernen. Porree der Länge nach halbieren, waschen und in feine Ringe schneiden.

3 Zwiebel schälen, halbieren und in feine Scheiben schneiden. Porree und Zwiebel mit Riesling, Essig, schwarzen Pfefferkörnern, 1 guten Prise Zucker und Salz ein paar Minuten köcheln (der Porree sollte bissfest bleiben). Butter einrühren.

4 Für den Fisch die Äschen auf jeder Seite zweimal bis zum Rückgrat einschneiden und in jeden Fisch 1 Lorbeerblatt stecken. In einen Dämpfer Rhabarberblätter oder reichlich Petersilie legen, die Äschen darauflegen und über Wasserdampf etwa 15 Minuten sanft garen – die Fische sind ausreichend gegart, sobald sich die Rückenflossen aus dem Fleisch ziehen lassen.

5 Für die Erdäpfel Butter bis zur leichten Braunfärbung erhitzen. Erdäpfel mit Schale in nussbrauner Butter schwenken und salzen.

6 Zwiebelporree erhitzen und auf Teller geben. Äschen darauf legen und mit Salz und geschnittenem Schnittlauch bestreuen. Erdäpfel als Beilage dazugeben.

Forelle blau MIT HOLLERBLÜTEN UND KRÄUTERSALAT

Zutaten für 6 Portionen
Zubereitungsdauer ca. 40 Minuten

Weißweinessig
1 Kräuterbund aus Petersilie,
Thymian und Estragon
evtl. ein paar unbehandelte
Zitronenscheiben
6 Forellen (à 350 g, küchenfertig)
6 Hollerblütendolden

Für den Salat

200 g Rucola
100 g Sauerampfer
1 Handvoll Löwenzahn
1 Handvoll Minzeblättchen
1 Handvoll Brunnenkresse
1 Handvoll Gänseblümchen
Salz, weißer Balsamessig
Distelöl

Für die Sauce

ca. 2 EL Hollersirup
ca. 100 g Butter
abgeriebene Schale von
1 unbehandelten Zitrone
Salz

1 In einen großen Topf etwa 10 cm hoch Wasser füllen. So viel Weißweinessig zugießen, dass das Wasser deutlich sauer schmeckt. Den Kräuterbund und eventuell noch ein paar Zitronenscheiben einlegen und das Essigwasser aufkochen.

2 Forellen waschen. Auf eine Platte oder ein Backblech 1 Schuss Essig gießen – am besten Holleressig. Forellen im Essig wenden und in den Sud legen. Hollerblütendolden ausschütteln, um eventuelle Insekten zu entfernen. Auf die Forellen geben, Topf zudecken, vom Herd nehmen und die Forellen im Essigsud etwa 10 Minuten ziehen lassen.

3 Für den Salat alle Kräuter waschen und gut abtropfen lassen. Rucola, Sauerampfer und Löwenzahn in Stücke zupfen und mit Minzeblättchen, Kresse und Gänseblümchen vermischen. Kräutermischung salzen und mit 1 kleinen Schuss Essig und 1 großzügigen Schuss Öl marinieren.

4 Für die Sauce ¼ l Kochsud mit Hollersirup, Butter, abgeriebener Zitronenschale und Salz aufkochen und aufmixen.

5 Forellen auf Teller heben, mit der Sauce überziehen und mit Salat als Beilage servieren.

Geschmack aus der Natur

HOLUNDER (Holler) entwickelt in alpinen Lagen eine besondere Aromatik. Die kleinen schwarzen Beeren, aber auch die Blüten lassen sich in vielfältiger Weise nutzen. Zum Beispiel auch für Hollerkracherl wie auf Seite 235 dieses Buches beschrieben, Holleressig und Hollerlikör.

Forellenfilets im Weinblatt MIT ROSINENPOLENTA

Zutaten für 6 Portionen
Zubereitungsdauer ca. 30 Minuten

24–30 Weinblätter (ungespritzt!)
Salz
40 g Rosinen
1 Tasse Maisgrieß (Polenta)
ca. 100 g Butter
Pfeffer
12 Forellenfilets (ohne Haut)
evtl. Trauben zum Garnieren

1 Weinblätter in Salzwasser blanchieren, eiskalt abschrecken und zum Abtrocknen auf ein Tuch legen. Rosinen heiß waschen.

2 Maisgrieß mit 2 EL Butter, 3 Tassen Wasser, Salz und 1 Prise Pfeffer ein paar Minuten köcheln. Rosinen einrühren. Polenta abkühlen lassen.

3 Backofen auf 200 °C vorheizen. Von den Forellenfilets die darin verbliebenen Gräten auszupfen. 4 Weinblätter überlappend auf ein Tuch legen, mit Polenta bedecken, 2 Forellenfilets übereinander auf die Polenta legen – »Schwanz auf Kopf«, damit das Päckchen durchgehend gleich dick ist. Forellenfilets mit Polenta abdecken und alles in die Weinblätter einschlagen.

4 Diese Päckchen mit der Verschlussstelle der Weinblätter nach unten auf ein mit Butter bestrichenes oder mit Backtrennpapier belegtes Blech heben oder in eine ausreichend große Schüssel legen. Restliche Weinblätter, Polenta und Forellenfilets ebenso zu Päckchen verarbeiten.

5 Forellenfilets im Ofen etwa 10 Minuten garen. Zur Garprobe mit einem Spieß anstechen – sobald sich die Filets leicht durchstechen lassen, sind sie ausreichend gegart.

6 Etwa 80 g Butter bis zur leichten Braunfärbung erhitzen. Braune Butter sofort in eine Tasse oder einen anderen Topf gießen, damit sie nicht weiter bräunt und dabei verbrennt. Forellen im Weinblatt behutsam vom Blech heben (am besten mithilfe von Paletten oder Tortenschaufeln) und portionieren. Weinblatt-Forellen auf Teller setzen, mit brauner Butter beträufeln und mit Salz bestreuen. Eventuell mit halbierten Trauben bestreuen.

Reinankenfilets MIT ESSIGERDÄPFELN
UND SARDELLENSAUCE

Zutaten für 6 Portionen
Zubereitungsdauer ca. 30 Minuten

500 g festkochende Erdäpfel
4 Wacholderbeeren
Salz
Kümmel (ganz)
1 Lorbeerblatt
ca. 50 ml Weißweinessig
ca. 1 TL Maisstärkemehl
12 Reinankenfilets (mit Haut)
ca. 3 EL geschmolzene Butter
Pfeffer
2 EL Sardellenpaste
2 EL kalte Butter
Kräuter der Saison und/oder
Löwenzahnblütenblätter zum
Garnieren

1 Erdäpfel schälen und grob reiben. Wacholderbeeren am besten in einem Mörser zerreiben. Erdäpfel mit 10 g Salz, Wacholderbeeren, 1 Prise Kümmel und Lorbeerblatt in einen Topf geben. So viel Wasser zugießen, dass die Erdäpfel gut bedeckt sind. Erdäpfel etwa 8 Minuten bissfest kochen.

2 Erdäpfel mit Essig pikant-säuerlich abschmecken. Ein wenig Maisstärkemehl mit kaltem Wasser verrühren und so viel davon in die heißen Erdäpfel rühren, dass die Flüssigkeit eine leichte Bindung erhält.

3 Backofen auf 200 °C vorheizen. Von den Reinankenfilets die darin verbliebenen Gräten auszupfen. Ein Backblech mit Backtrennpapier belegen und das Papier mit geschmolzener Butter bestreichen. Reinankenfilets mit der Hautseite nach oben auf das gebutterte Papier legen, mit geschmolzener Butter bestreichen und im Ofen etwa 7 Minuten garen (die Filets sollten im Kern glasig bleiben). Reinankenfilets leicht mit Salz und Pfeffer würzen.

4 Für die Sardellensauce ⅛ l Wasser mit Sardellenpaste erwärmen und kalte Butter einmixen.

5 Essigerdäpfel auf Teller geben und die Filets darauflegen. Sardellensauce schaumig aufmixen und als Garnitur auf die Teller geben. Mit Kräutern der Saison oder auch Löwenzahnblütenblättern dekorieren.

Gedämpfter Wallerbauch UND WALLERBACKERLN MIT BRENNNESSELSAFT UND RADIESCHEN

Zutaten für 6 Portionen
Zubereitungsdauer ca. 30 Minuten

250 g festkochende Erdäpfel
Salz
100 g Brennnesselspitzen
ca. 50 ml Olivenöl
Salz
Tabasco oder Zitronenpfeffer
6–18 Radieschen (je nach Größe)
600 g Wallerbauch (ohne Haut)
12 Wallerbackerln
etwas heiße Butter
abgeriebene Schale von
1 unbehandelten Zitrone
evtl. Forellen- oder
Saiblingskaviar zum Garnieren
evtl. Schnittlauch- oder
Borretschblüten zum Garnieren

1 Erdäpfel waschen und in gesalzenem Wasser kochen. Erdäpfel schälen und in Scheiben schneiden.

2 Brennnesselspitzen waschen und in reichlich gut gesalzenem Wasser etwa 4 Minuten blanchieren. Wasser abgießen (einen Teil davon auffangen) und die Brennnesselspitzen sofort in eiskaltes Wasser legen. Brennnesseln leicht ausdrücken und mit Olivenöl zu einer leichten Sauce pürieren – die Viskosität durch die Zugabe von Brennnessel-Kochwasser einstellen. Mit Salz und Tabasco oder Zitronenpfeffer abschmecken.

3 Radieschen putzen (die attraktiven Wurzeln können dranbleiben), waschen, in Scheiben oder in Stücke schneiden und salzen.

4 Wallerbauch und -backerln waschen, leicht salzen und über Dampf garen, das dauert etwa 5 Minuten, die Fischstücke sollten im Kern leicht glasig bleiben.

5 Brennnesselsaft auf Teller geben. Erdäpfel in heißer Butter wenden, salzen und auf den Brennnesselsaft legen. Wallerbauch und -backerln drauflegen. Mit Zitronenschale, Radieschen, und evtl. Kaviar und Schnittlauch- oder Borretschblüten garnieren.

Brennnesselsaft als Würzzutat: *Restlichen Brennnesselsaft in ein verschließbares Glas füllen und im Kühlschrank aufbewahren. Hält mindestens eine Woche und ist eine pikante Zugabe zu Joghurt und eine gute Zutat für das Marinieren von Salaten und Abschmecken von Gemüse- und Kräutersuppen.*

Geschmack aus der Natur

Die überwiegend unangenehmen **BRENNNESSELN** sind kulinarisch durchaus positiv zu sehen, denn die hellgrünen, zarten Spitzen können Säfte, Saucen, Gemüse und Salate mit einem feinwürzigen Geschmack bereichern. Zwei Regeln seien allerdings beachtet: Beim Pflücken Handschuhe tragen und vor jeder weiteren Verarbeitung die Brennnesselspitzen in Salzwasser blanchieren.

Steaks vom Alpenlachs MIT SPARGEL, BRENNNESSELCREME UND SALAT

Zutaten für 6 Portionen
Zubereitungsdauer ca. 40 Minuten

600 g weißer Spargel (fingerdicke Stangen)
Salz
ca. 1 TL Zucker
ca. 2 EL Olivenöl
6 Steaks vom Alpenlachs oder von einem großen Saibling (à 150 g)
2 Handvoll würziger Salat
(z. B. Sauerampfer oder Rucola)
1 Handvoll Sprossen
4 EL Balsam-Apfelessig
einige Tropfen Zitronensaft
ca. 2 EL Haselnuss- oder Erdnussöl

Für die Creme
150 g Brennnesselspitzen *(siehe Kasten Seite 102)*
Salz
4 EL Olivenöl
1 Knoblauchzehe
250 g Sauerrahm
50 g QimiQ
1 TL Krenpaste
Salz
Pfeffer
Cayennepfeffer

1 Für die Creme Brennnesselspitzen waschen, in leicht gesalzenem Wasser etwa 4 Minuten blanchieren, aus dem Fond heben und in eiskaltem Wasser abschrecken. Brennnesselspitzen abtropfen lassen oder trocken tupfen. Mit Olivenöl, gepresstem Knoblauch, 60 ml abgekühltem Fond vom Blanchieren der Brennnesseln, Sauerrahm, QimiQ, Krenpaste und je 1 Prise Salz, Pfeffer und Cayennepfeffer hochtourig pürieren, bis eine glatte Creme entstanden ist. Creme kalt stellen.

2 Spargel schälen und die trockenen Enden wegschneiden. Spargel in leicht gesalzenem und gezuckertem Wasser in etwa 10 Minuten weich kochen. Spargel aus dem Fond heben und in eiskaltem Wasser abschrecken. Backofen auf 220 °C vorheizen.

3 In einer ofenfesten beschichteten Pfanne Olivenöl erhitzen. Lachs- oder Saiblingssteaks einlegen und anbraten, wenden und im Ofen etwa 10 Minuten braten. Sobald Eiweiß austritt, ist der Fisch ausreichend gegart; beim Anstechen mit einem Spieß ist nur geringer Widerstand spürbar.

4 Salat und Sprossen waschen, putzen, mit Salz, Essig, ein paar Tropfen Zitronensaft und Hasel- oder Erdnussöl marinieren.

5 Steaks aus der Pfanne heben und auf Küchenkrepp legen. Spargel auf Teller geben, Steaks darauf platzieren, Brennnesselcreme rundherum ziehen und den Salat als Beilage dazugeben.

Alternativen zu Alpenlachssteaks: *Alpenlachs ist ein aus dem Eismeersaibling entwickelter Zuchtfisch mit einem besonders hohen Gehalt an wertvollen Omega-3-Fettsäuren. Unter »Steaks« sind in diesem Fall quer zum Rückgrat geschnittene Tranchen des Fisches zu verstehen. Nach dem Braten lassen sich die Gräten ganz leicht aus dem Fleisch lösen. Selbstverständlich können nach diesem Rezept auch Filets von Alpenlachs, Saibling oder anderen festfleischigen Fischen zubereitet werden.*

Saiblingsfilets MIT ORANGENBUTTER UND PARADEISBROT

Zutaten für 6 Portionen
Zubereitungsdauer ca. 40 Minuten

1,2 kg Saiblingsfilets (mit Haut)
Olivenöl für das Backblech und
zum Beträufeln

Für das Paradeisbrot

4 Fleischparadeiser
½ EL Paradeismark
Salz
Zucker
Tabasco
200–300 g Weißbrot
Basilikum zum Garnieren

Für die Orangenbutter

2 unbehandelte Orangen
200 g weiche Butter
1 Mokkalöffel gehackter
Zitronenthymian
ca. 1 EL Grand Marnier
Salz
Pfeffer

1 Für das Paradeisbrot die Strünke aus den Paradeisern schneiden. Paradeiser oben kreuzweise einschneiden und für 10 Sekunden in kochendes Wasser legen. Paradeiser eiskalt abschrecken und die Haut abziehen.

2 Paradeiser hacken, mit Paradeismark vermischen und köcheln, bis die Masse dick ist. Mit Salz, Zucker und Tabasco abschmecken. Paradeiskonzentrat etwa 5 mm hoch auf ein Blech oder in eine Pfanne gießen. Weißbrot in daumendicke Scheiben schneiden und in das Paradeiskonzentrat legen.

3 Für die Orangenbutter Orangen waschen, abtrocknen und die Schalen abreiben. Weiche Butter mit Orangenschale, Thymian, Grand Marnier, Salz und Pfeffer verrühren.

4 Backofen auf 120 °C vorheizen. Von den Saiblingsfilets die darin verbliebenen Gräten auszupfen. Ein Backblech mit Backtrennpapier belegen. Papier mit Olivenöl bestreichen, Filets mit der Haut nach unten darauflegen. Orangenbutter auf die Filets streichen und die Filets im Ofen etwa 25 Minuten gar ziehen lassen – die Saiblingsfilets sollen innen glasig bleiben. Währenddessen auch das Paradeisbrot im Backofen wärmen.

5 Saiblingsfilets mithilfe einer Winkelpalette oder einer Tortenschaufel auf Teller heben und mit Olivenöl beträufeln. Paradeisbrot mit der Paradeisseite nach oben auf die Teller geben und mit geschnittenem Basilikum bestreuen.

Gegrillter Hecht MIT ERDÄPFELSTAMPF

Zutaten für 6 Portionen
Zubereitungsdauer ca. 2 Stunden

Für den Erdäpfelstampf
800 g mehligkochende Erdäpfel
Salz
Kümmel (ganz)
ca. 100 g Butter
125 g Sauerrahm
1 Knoblauchzehe (gepresst)
ca. 3 EL Weißweinessig
Pfeffer

Für den Fisch
2 Hechte (à 1 kg, küchenfertig
und idealerweise schleimig-frisch)
Parikapulver (edelsüß)
grobes Meersalz
einige Zweige Rosmarin und
Wacholder für das Raucharoma
12 Scheiben Speck
Zitronensaft zum Beträufeln

1 Ein Grillfeuer anheizen und bis auf die Glut herunterbrennen lassen *(siehe Anmerkung unten)*.

2 Für den Stampf Erdäpfel waschen und in gesalzenem Wasser mit 1 Prise Kümmel weich kochen. Butter bis zur leichten Braunfärbung erhitzen und sofort in eine Tasse oder einen anderen Topf gießen, damit sie nicht nachbräunt und verbrennt. Erdäpfel schälen und mit Rahm, Knoblauch, Essig und etwa 4 EL nussbrauner Butter zu einer lockeren Masse stampfen. Erdäpfelstampf mit Salz und Pfeffer abschmecken.

3 Für den Fisch die Hechte waschen. In die Bauchhöhlen Parikapulver streuen, Hechte in grobem Meersalz wälzen und auf den heißen Grill legen. Nach 10 Minuten erstmals wenden und unter mehrfachem Wenden auf dem Grill garen, bis die Fische nur noch am Rückgrat glasig sind. Rosmarinzweige und Wacholderäste auf die Glut legen. Die Hechte am Rand des Grills nachziehen und ein wenig Raucharoma annehmen lassen. Inzwischen den Speck auf dem Grill knusprig grillen.

4 Die Haut der Hechte mitsamt dem anhaftenden Salz abheben. Fleisch von den Gräten lösen, auf Teller geben und mit etwas Zitronensaft beträufeln. Speckscheiben darauf legen, Erdäpfelstampf als Beilage geben. Dazu passen außerdem gebratene Eierschwammerln sehr gut.

Aromatisches Grillfeuer: *Unsere Mischung fürs Grillfeuer besteht aus Buchenholz mit Lärchenscheiten. Am Schluss legen wir gerne, wie im Rezept oben beschrieben, Wacholderäste und Rosmarinzweige auf die Glut und können damit einen schönen Rauchgeschmack auf die neben dem Grill ruhenden Fische oder Fleischstücke bringen.*

Ganz nah dem Himmel leben mit dem lieben Vieh

Auf der Alm dreht sich alles um die gute Milch von Kühen, Schafen und Ziegen und was man daraus machen kann.

Bilder vom beschaulichen Leben auf den Almen: Das Vieh lebt, wie es ihm gefällt, und die Menschen arbeiten im Einklang mit der Natur. Der Fred ist ein Hirt vom alten Schlag und melkt die Kühe noch mit der Hand, und der Untererholzbauer Hans-Jörg versteht sich neben der Viehhaltung auch auf die Haflingerzucht und Holzveredelung. Auf den nächsten Seiten unterhält sich Rudi Obauer mit speziellen Almbewohnern: mit Schweinen, die sich gern an der beim Käsemachen anfallenden Molke delektieren.

Gute Milch, das Talent des Käsers und viel Zeit – das sind die Zutaten für guten Käse. Auf den Almen des Salzburger Lands wird er in großer Vielfalt hergestellt.

ür die Menschen scheint das Hochgebirge nicht geschaffen zu sein. Die Fortbewegung im Fels ist mühsam, die Gefahren sind vielfältig und groß, das Wetter ist nicht selten launenhaft und unberechenbar. Und dennoch zieht es die Menschen seit Jahrtausenden auf die Gipfel. Sie finden dort, was man im Tal vergeblich suchen wird: den freien Blick übers Land und die Nähe zum Himmel. Das lohnt die Mühen eines langen Aufstiegs.

Hier ist die Rede von dem großen Rest der Alpen, der für den Sport, für Spaß und Wellness noch nicht erschlossen ist und wohl niemals erschlossen werden wird. Von verschlafenen Tälern abseits der großen Routen, von Wegen und Steigen, die in keinem Wanderleitsystem verzeichnet sind, und von Hütten, die in keinem Touristenführer beschrieben sind. Das sind die Regionen der Stille und der Abgeschiedenheit, in denen die Zeit noch nach dem alten Maß verstreicht und in denen das Handeln der Menschen von der Natur bestimmt wird.

Nur wenige Menschen leben und wirtschaften in diesem speziellen Ambiente. Aber es gibt sie noch – Sennerinnen und Senner, Bergbauern und Viehhirten, die in dem nahezu geschlossenen System einer Almwirtschaft bescheiden, aber in einem speziellen Sinn hervorragend leben.

GROSSARTIGE ISOLATION

Bescheidenheit tut not, denn Komfort und materieller Luxus lassen sich auf naturbelassenen Almen nicht herstellen. Keine Fahrwege führen zu diesen üppig grünen und wildromatischen Oasen an der Baumgrenze. Keine Stromleitung fördert Energie in die Höhenlage. Das Loch in den Mobilfunknetzen ist die Regel und kein Ärgernis.

Was der Almbewohner aus dem Tal braucht, muss er auf den Berg tragen. Das ist mühsam und will gut geplant sein. Erdäpfel und Obst zum Beispiel sind eine undankbare Last, denn sie enthalten viel Wasser ohne Nährwert. Mehl, Reis und Speck sind wegen des weit besseren Energiepotenzials viel sinnvoller. Batterien und allenfalls Petroleum für das Licht werden auf der Alm gebraucht. Werkzeug, um die Wirtschaft instand zu halten. Kleidung für die kalten Nächte und die Tage, an denen schlechtes Wetter herrscht. Schlechtes Wetter ist in der Höhenlage wirklich schlecht, und über Schneestürme und Graupelschauer im Juni braucht man sich auf einer Alm nicht zu wundern.

Ein 40-Kilo-Rucksack ist bei einem Aufstieg auf die Alm schnell beisammen, und derart beladen begleitet der Viehhirt seine Herde auf die Sommerweide, sobald die Schneeschmelze die Wege freigegeben hat und er dem Vieh Zäune bauen kann. Der Hirt bleibt mehrere Monate lang in großartiger Isolation auf seiner exponierten Arbeitsstätte und sieht auf manchen Almen wochenlang keine fremde Menschenseele. Wenn doch mal jemand vorbeikommt – mühselig aufgestiegen und ein Liebender der Berge wie die Almbetreiber selbst –, werden sie es an Gastfreundschaft nicht mangeln lassen.

Im Lustrevier von Kühen, Schafen und Ziegen

Um das Vieh dreht sich alles auf der Alm. Es lebt weitgehend sich selbst überlassen auf saftigen Weiden und wird von den Hirten lediglich daran gehindert, sich in gefährliches Gelände zu versteigen. Ein beschaulicher Job ist solches Hüten, könnte man meinen, doch ganz im Gegenteil. Die Rinder grasen – zumal bei Mondlicht – auch in den Nächten und verändern dabei ihren Standort. Im ersten Morgengrauen brechen sie zu neuen Weidegründen auf und sind in dieser frühen Stunde besonders gut zu Huf. Da heißt es für den Hirten um halb fünf Uhr morgens raus und nach dem Rechten sehen – nämlich, dass das Vieh auf den rechten Wegen bleibt und kein Stück verloren geht. Der Arbeitstag endet auf der Alm erst, wenn es finster ist.

Kühe, Ziegen und Schafe liefern die Milch für Käse. Die Qualität der Milch bestimmt im Wesentlichen die Käsequalität, und wer Almmilchkäse mit anderem Käse vergleicht, merkt auch gleich, wie dramatisch. Ob der Käse ein guter oder ein ganz vorzüglicher wird, hängt vom Geschick des Käsers ab. Bakterien von Tausenden verschiedenen Stämmen tummeln sich in der

Rohmilch, unter anderem auch solche, die dem Menschen gar nicht guttun. Der Käsemacher muss die günstigen Bakterien fördern und die unerwünschten unterdrücken, seine Käse wie das Vieh mit sanftem Druck und Beharrlichkeit in die richtige Richtung führen. Er hat verschiedene Möglichkeiten dafür – die Art des Rührens, das Wärmen, Kühlen, Schneiden, Wenden, Waschen der dick gelegten Milch und später dann der Käse machen den feinen Unterschied.

Grandiose Käsevielfalt

Vom Topfen bis zum jahrelang gereiften Hartkäse entsteht aus der Alpenmilch eine Vielzahl an Delikatessen, die je nach Region und Tradition einen eigenen Charakter haben: Alter Bergkäse von ganz trockener Konsistenz und enormer Würze kommt von den Almen, junger Hartkäse mit weichem Teig und nussigem Geschmack, lebhaft fruchtiger Ziegenkäse mit feiner Säure, Frischkäse von der Schafmilch, der so gut zu Kräutern passt und bei Obauers auch gern für die Zubereitung von Desserts verwendet wird, eleganter Rotkulturkäse ebenso wie rustikaler Graukäse, der mit Zwiebelringen bestreut und mit Essig und Öl mariniert das Urbild einer kräftigenden Jause abgibt.

Und dann gibt es noch eine Reihe von Spezialitäten, die man wohl nie auf Käsebrettern finden wird, die aber alpine Küche erst authentisch machen. Der Räßkäs zum Beispiel, der für Würzigkeit im Fondue sorgt, der weiche Nockenkas, ohne den die Kasnocken, Kässpätzle, Käsknöpfle, oder wie immer man dazu sagen will, nicht so werden, wie es sich gehört, und nicht zuletzt der Schotten. Der wird im Sinne einer Milch-Komplettverwertung aus der bei der Käsebereitung abfließenden Buttermilchmolke hergestellt und ist die Zutat für eine Reihe traditioneller Alpingerichte von Nocken bis zu Nudeln.

In aller Regel fällt mehr Molke an, als man Schotten oder Topfen brauchen könnte, womit das Schwein auf die Alm kommt. Die freundlichen Resteverwerter nämlich lieben Molke.

Wo Borstenvieh, da Schweinespeck! Und deshalb liegt bei jeder ordentlichen Almjause auch eine schönes Stück Speck auf dem Schneidbrett.

115

Werfener Thunfisch MIT KÄFERBOHNENCREME

Zutaten für 10 Portionen
Zubereitungsdauer ca. 3 Wochen

1 kg Schweinskarree (ausgelöst)
Grüner Veltliner
Olivenöl
Salbeiblätter und frisch geriebener
Kren zum Garnieren
Selleriesalz *(siehe Seite 230)*

Für die Sur
1 Knolle Knoblauch
45 g Salz
2 EL Zucker
8 Wacholderbeeren
3 Gewürznelken
10 Pfefferkörner

Für die Creme
100 g Käferbohnen
1 Stück Schinkenschwarte
2 Knoblauchzehen
1 Zweig Bohnenkraut
ca. 60 ml Olivenöl
ca. 60 ml Kürbiskernöl
Tabasco
Salz

1 Für die Sur Knoblauch in Scheiben schneiden. 2 l Wasser mit Knoblauch und den restlichen Zutaten für die Sur vermischen. Fleisch putzen, Sehnen und Silberhaut wegschneiden beziehungsweise abziehen. In die Sur legen und abgedeckt gekühlt 1 Woche ziehen lassen.

2 Fleisch mit der Sur in einen gut passenden Kochtopf geben. So viel Wein zugießen, dass das Fleisch bedeckt ist. Flüssigkeit aufkochen und das Fleisch knapp unter dem Siedepunkt etwa 30 Minuten garen – die Kerntemperatur soll 55 °C betragen; mit einem Bratenthermometer prüfen. Fleisch aus der Sur heben, in ein mit kaltem Wasser befeuchtetes Tuch einschlagen und im Tuch auskühlen lassen.

3 Fleisch in ein möglichst gut passendes und verschließbares Gefäß geben (z.B. eine Plastikbox). So viel Olivenöl zugießen, dass das Fleisch vollkommen bedeckt ist. Fleisch im Kühlschrank 2 bis 3 Wochen reifen lassen.

4 Für die Creme Bohnen mindestens 6 Stunden einweichen. Bohnen mit Schwarte, ungeschältem Knoblauch und Bohnenkraut weich köcheln, das kann bis zu 2 Stunden dauern.

5 Bohnensud bis auf einen kleinen Rest abgießen, den Sud dabei auffangen. Bohnen mit Oliven- und Kürbiskernöl sowie einigen Spritzern Tabasco zu einer Creme pürieren, die Konsistenz durch Zugabe von mehr oder weniger Öl einstellen. Sollte die Masse zu dick werden, noch Bohnensud einarbeiten. Mit Salz abschmecken.

6 Fleisch aus dem Öl heben, trocken tupfen und in möglichst dünne Scheiben schneiden. Fleisch mit Bohnencreme anrichten und mit Salbeiblättern, frisch geriebenem Kren und Selleriesalz garnieren beziehungsweise bestreuen.

Zur Bezeichnung »Thunfisch«: *Diese ist in Beziehung auf die verwendeten Zutaten natürlich völlig unkorrekt, allerdings aus anderen Gründen einigermaßen zutreffend. Am Ende seiner langen Reifung gleicht das Schweinskarree farblich dem Thunfisch. Überdies schwimmt es, wie der Thunfisch in der Dose, lange Zeit im Olivenöl. Und nicht zuletzt: Thunfisch ist modern, und mit diesem Rezept soll ein alpiner Beitrag zur Artenvielfalt geleistet sein.*

Blauschimmelkäs'-Suppe MIT WELSCHRIESLING

Zutaten für 6 Portionen
Zubereitungsdauer ca. 30 Minuten

1 Zwiebel
1 Knoblauchzehe
250 g Champignons
2 EL Butter
glattes Mehl zum Stauben
½ l Welschriesling
250 g Sauerrahm
200 ml Milch
200 g Blauschimmelkäse
Steinklee *(siehe Kasten Seite 160)*
Cayennepfeffer, Salz
100 g Staudensellerie
gehackte Kräuter zum Garnieren
(z.B. Minze, Melisse, Kerbel,
Petersilie, Schnittlauch)

1 Zwiebel und Knoblauch schälen und klein schneiden. Champignons putzen und in Scheiben schneiden.

2 In einem Topf Butter bis zum Aufschäumen erhitzen. Zwiebel, Knoblauch und Champignons darin anschwitzen, mit ein wenig Mehl stauben und verrühren. Wein, Sauerrahm, Milch und ½ l Wasser zugießen. Käse in Stücke schneiden und einrühren. 1 Prise Steinklee, Cayennepfeffer und Salz einrühren. Alles etwa 5 Minuten köcheln.

3 Sellerie waschen, putzen und in kleine Würfel schneiden. Sellerie in die Suppe geben und die Suppe weitere 10 Minuten köcheln. Suppe im Mixer pürieren und durch ein Sieb streichen.

4 Suppe in Teller schöpfen und mit Kräutern bestreuen. Als Einlage passen geröstetes Schwarzbrot und/oder Sardellen.

Schottensuppe

Zutaten für 6 Portionen
Zubereitungsdauer ca. 10 Minuten

250 g Schotten
1 l Milch
Kümmel (ganz)
Salz
Weißweinessig
Pfeffer
Schnittknoblauch zum Garnieren

1 Schotten zerkleinern. Milch mit 1 Prise Kümmel, Salz, 1 Spritzer Essig und Schotten aufkochen und mit dem Schneebesen glatt rühren. Mit Salz sowie Pfeffer abschmecken und mit Schnittknoblauch bestreut servieren.

2 Zur Suppe passt Fleischaufstrichbrot. Dafür Sauerteigbrot mit dem auf Seite 231 beschriebenen Aufstrich bestreichen, kräftig Kren daraufreiben und das Brot zur Suppe servieren.

Heiligengeist–Blattler VON GRETE NAYNAR

Zutaten für 6 Portionen
Zubereitungsdauer ca. 1 Std.

200 g glattes Mehl
4 Eidotter
Salz
1 Spritzer Rum
Schlagobers
etwas griffiges Mehl
Butterschmalz zum Ausbacken
Staubzucker zum Bestreuen

1 Glattes Mehl mit Dottern, 1 Prise Salz, Rum und Obers zu einem mittelfesten Teig kneten – die Konsistenz durch Zugabe von mehr oder weniger Obers einstellen. Teig 30 Minuten ruhen lassen.

2 Die Arbeitsfläche mit griffigem Mehl bestreuen, Teig darauf hauchdünn ausrollen. Mit dem Teigrad Dreiecke oder Quadrate von etwa 6 cm Seitenlänge ausschneiden und in Butterschmalz schwimmend goldbraun backen. Mit Staubzucker bestreuen.

Zur traditionellen Verwendung: *Diese Nascherei wird gern (oder fast ausschließlich) zu Pfingsten zubereitet. Daher auch der Name »Heiligengeist«-Blattler.*

Marinierter Graukas MIT EISZAPFEN

Zutaten für 6 Portionen
Zubereitungsdauer ca. 20 Minuten

6 Eiszapfen (weiße Rettiche, ca. 15 cm lang)
Salz
ca. 1 EL Zucker
Kümmel (ganz)
500 g Graukas
1 roter Pfefferoni
1 TL Estragonsenf
ca. 80 ml Estragonessig
ca. 40 ml Rapsöl
2 EL fein geschnittene Petersilie
2 EL fein gehackte Essiggurken
Pfeffer
2 Scheiben Schwarzbrot
Butterschmalz zum Rösten

1 Die Eiszapfen putzen, gut waschen und in Wasser mit Salz, 1 EL Zucker und 1 guten Prise Kümmel etwa 5 Minuten weich kochen. Eiszapfen in eiskaltes Wasser legen.

2 Graukas in Scheiben schneiden und gefällig auf Teller legen. Pfefferoni putzen und in möglichst kleine Würfel schneiden.

3 Senf mit 1 guten Prise Zucker, 80 ml Wasser, Essig und Öl gut vermischen. Petersilie, Gurken und Pfefferoni einrühren. Marinade mit Salz und Pfeffer abschmecken.

4 Brot in kleine Würfel schneiden und in heißem Butterschmalz rösten, herausnehmen und auf Küchenkrepp abtropfen lassen.

5 Eiszapfen in Stücke schneiden und auf den Graukas legen. Alles mit Marinade übergießen und mit Brotwürfeln bestreuen.

Spinatnocken MIT SALBEIBUTTER

Zutaten für 6 Portionen
Zubereitungsdauer ca. 1 Stunde

500 g Blattspinat
Salz
Pfeffer
Muskatnuss
4 Knoblauchzehen
1 kleine Zwiebel
ca. 1 TL Butter
300 g trockenes Weiß- oder
Dinkelbrot
2 EL Weizengrieß
4 Eier
2 EL glattes Mehl
120 g Schlagobers
120 g Nockenkäs

Für die Salbeibutter
ca. 8 Salbeiblätter
180 g Butter
Salz

1 Spinat putzen, waschen und tropfnass in einem Topf erhitzen, bis der Spinat zusammengefallen ist. Spinat ausdrücken und mit Salz, Pfeffer und geriebener Muskatnuss würzen.

2 Knoblauch und Zwiebel schälen, klein schneiden und in Butter glasig anschwitzen. Zwiebel-Knoblauch-Mischung zum Spinat geben und alles pürieren.

3 Brot in kleine Würfel schneiden, mit Grieß, Eiern, Mehl, Obers und Spinat vermischen. Masse zusammendrücken und 30 Minuten ruhen lassen.

4 Mit einem Löffel Nocken ausstechen und in siedendem Salzwasser gar ziehen lassen (dauert etwa 10 Minuten). Spinatnocken aus dem Wasser heben und abtropfen lassen.

5 Für die Salbeibutter die Salbeiblätter waschen, trocken tupfen und fein schneiden. Butter erhitzen und den Salbei darin schwenken. Salbeibutter salzen.

6 Nocken auf Teller geben und großzügig mit warmer Salbeibutter übergießen. Nockenkäs reiben und auf die Spinatnocken streuen. Dazu passt knackiger Blattsalat mit einem Buttermilchdressing, wie auf Seite 230 beschrieben.

Zur Herkunft dieses traditionellen Rezepts: *Spinatnockenrezepte existieren fast so viele, wie es Köchinnen und Köche im weiten Alpenbogen zwischen Mont Blanc und Semmering gibt. Und eins ist besser als das andere, solange nur gute Zutaten verwendet werden und das Abschmecken mit Gefühl geschieht. Dieses Rezept – wie auch das für die Buchweizenknödel auf Seite 122 – verdanken wir der hervorragenden Gertrude Fuchs aus Tamsweg in der Genussregion Lungau im Salzburger Land.*

121

Buchweizenknödel MIT KÄSEFÜLLE

Zutaten für 6 Portionen • siehe Foto rechts
Zubereitungsdauer ca. 1 Stunde

400 g Knödelbrot
1 kleine Stange Porree
2 Knoblauchzehen
ca. 130 g Butter
4 Eier
250 g mittelgrob geschroteter
Buchweizen
3 EL geschnittene Petersilie
Salz
ca. 200 g Blauschimmelkäse
Kräuter zum Garnieren
(z.B. Quendel, Thymian)

1 Knödelbrot mit etwa ¼ l Wasser anfeuchten. Porree, putzen, waschen und klein schneiden. Knoblauch schälen und hacken. Knoblauch und Porree in etwa 1 EL Butter anschwitzen, mit Knödelbrot, Eiern, Buchweizen, Petersilie und Salz vermischen. Masse etwa 30 Minuten ruhen lassen, sie muss so feucht sein, dass sie sich gut formen lässt.

2 Aus der Masse Fladen formen, in die Mitte je 1 Stück Käse geben, mit Knödelmasse umhüllen und Knödel drehen. Die Knödel in siedendem Wasser bei halb zugedecktem Topf etwa 15 Minuten gar ziehen lassen. Etwa 120 g Butter bis zur leichten Braunfärbung erhitzen. Knödel abtropfen lassen und auf Teller geben. Mit Butter übergießen und mit Kräutern bestreuen. Dazu passt Salat.

Lammragout MIT ROLLGERSTE

Zutaten für 6 Portionen
Zubereitungsdauer ca. 1½ Stunden

1,2 kg Lammfleisch von Schulter,
Hals oder Stelze
400 g Zwiebeln
3 Stangen Staudensellerie
1 Stange Rhabarber
2 EL Zucker
4 EL Butterschmalz
2 Lorbeerblätter
1 TL Senfkörner, Kreuzkümmel
6 EL Paprikapulver (edelsüß)
Cayennepfeffer
Estragon- oder Weißweinessig
1 l Weißwein
60 g Rollgerste
Salz, ca. 1 TL Maisstärkemehl
6 EL Sauerrahm

1 Fleisch in walnussgroße Stücke schneiden. Zwiebeln schälen und in Würfel schneiden. Sellerie und Rhabarber putzen, waschen und in Scheiben schneiden.

2 Zwiebeln, Sellerie und Rhabarber mit Zucker in Butterschmalz anschwitzen. Lorbeerblätter, Senfkörner, 1 Prise Kreuzkümmel, Paprikapulver und 1 Msp. Cayennepfeffer einrühren. Mit 1 Schuss Essig ablöschen, Wein zugießen. Fleisch und Gerste einrühren und salzen; das Fleisch sollte von Flüssigkeit bedeckt sein, falls nötig, mit Wasser ergänzen. Fleisch im zugedeckten Topf etwa 1 Stunde köcheln, bis es weich ist.

3 Stärkemehl in ein wenig Wasser anrühren. So viel davon in das Ragout einkochen, dass die Sauce eine leichte Bindung erhält.

4 Ragout in Teller schöpfen. Auf jede Portion 1 EL Sauerrahm geben. Darauf passen frittierte Salbeiblätter.

Nudelauflauf MIT BRÖSELTOPFEN

Zutaten für 6 Portionen
Zubereitungsdauer ca. 1¼ Stunden

Für den Nudelteig (ca. 700 g)

350 g Hartweizengrieß
150 g glattes Mehl
4 Eier
3 Eidotter
ca. 2 EL Olivenöl

Für die Sauce béchamel

50 g Butter
100 g glattes Mehl
600 ml Milch
5 Eidotter
Salz
Pfeffer
Muskatnuss

Für die Topfenmasse

1 Stange Porree
2 Knoblauchzehen
150 g Speck
2 EL Majoranblättchen
800 g Bröseltopfen
3 Eier
Salz
Pfeffer

Außerdem

ca. 4 EL Butter
200 g Bergkäse
Schlagobers
Rosmarinnadeln
Oreganoblättchen

1   Für den Nudelteig alle Zutaten am besten mit der Küchenmaschine zu einem festen, homogenen Teig kneten. Teig in Frischhaltefolie einschlagen und etwa 1 Stunde ruhen lassen. Sie benötigen etwa 250 g davon, der restliche Teig kann in Nudeln geschnitten und getrocknet werden.

2   Für die Sauce béchamel Butter bis zum Aufschäumen erhitzen. Mehl einrühren und leicht anschwitzen. Milch nach und nach unter Rühren zugießen und die Sauce etwa 5 Minuten leicht köcheln. Masse leicht abkühlen lassen. Dotter einrühren, Sauce mit Salz, Pfeffer und geriebener Muskatnuss abschmecken.

3   Für die Topfenmasse Porree putzen, der Länge nach halbieren, waschen und in dünne Streifen schneiden. Knoblauch schälen und fein hacken. Speck in kleine Würfel schneiden.

4   Speck mit Knoblauch anschwitzen. Porree dazugeben und kurz anschwitzen. Majoran einrühren. Topfen mit Porree-Speck-Masse und Eiern vermischen. Mit Salz und Pfeffer abschmecken.

5   Backofen auf 200 °C vorheizen. Eine Terrinenform oder eine Auflaufform mit etwa 1 EL Butter ausstreichen. Nudelteig mit einer Nudelmaschine dünn zu Nudelblättern ausrollen. Zwischen den einzelnen Touren mit Hartweizengrieß bestreuen. Boden der Form mit Nudelteig auslegen. Abwechselnd Topfenmasse, Sauce béchamel und Nudelblätter in die Form schichten. Mit einem Nudelblatt abschließen.

6   Etwa 3 EL Butter schmelzen. Käse grob reiben. Auflauf mit geschmolzener Butter und ein wenig Schlagobers beträufeln beziehungsweise einstreichen und dick mit Käse bestreuen. Weiters mit Rosmarinnadeln und Oreganoblättchen bestreuen. Auflauf im Ofen etwa 30 Minuten backen. Nach dem Backen mindestens 15 Minuten ruhen lassen.

7   Auflauf in der Form portionieren und auf Teller geben. Am besten mit Paradeissalat servieren.

Topfenpolster MIT GURKEN UND RÄUCHERKÄS'

Zutaten für 6 Portionen
Zubereitungsdauer ca. 1 Stunde

Für den Teig
70 g eiskalte Butter
280 g glattes Mehl
140 g Sauerrahm
Salz
1 Spritzer Weißweinessig

Für die Fülle
400 g mehligkochende Erdäpfel
Salz
1 kleines Bund junger Löwenzahn
(siehe Kasten Seite 143)
3 EL fein geschnittene Minze
350 g Topfen (20 % F. i. Tr.)
1 EL Weißweinessig
Pfeffer

Für die Gurken
2 Gurken
2 EL Butter
Cayennepfeffer
Salz
ca. 1 EL Estragonessig
1 EL gehackter Estragon

Zum Bestreuen
120 g geräucherter Hartkäse
Estragon und evtl. Hollerlikör
zum Garnieren

1 Für den Teig eiskalte Butter in kleine Stücke schneiden und mit den restlichen Zutaten rasch zu einem glatten Teig verarbeiten – falls die Masse nicht bindet, ein wenig eiskaltes Wasser dazugeben. Teig etwa 30 Minuten gekühlt ruhen lassen.

2 Für die Fülle Erdäpfel waschen, in gesalzenem Wasser weich kochen, schälen und durch die Erdäpfelpresse drücken. Löwenzahnblätter waschen und in dünne Streifen schneiden. Erdäpfel mit Löwenzahnstreifen, Minze, Topfen, Essig und Pfeffer vermengen.

3 Teig dünn ausrollen und in Rechtecke von 8 x 14 cm Größe schneiden. Fülle als Streifen auftragen, Teig über die Fülle schlagen, die Enden einschlagen und mithilfe einer Gabel gut festdrücken.

4 Gurken schälen, entkernen und in Würfel schneiden. 120 ml Wasser mit Butter, 1 Prise Cayennepfeffer, Salz und Estragonessig erhitzen, bis die Butter geschmolzen ist. Gurken und Estragon einlegen und die Gurken etwa 1 Minute dünsten.

5 In einem großen Topf reichlich Wasser mit Salz aufkochen. Topfenpolster einlegen und unter dem Siedepunkt gar ziehen lassen. Sobald die Topfenpolster an der Wasseroberfläche schwimmen, sind sie ausreichend gegart.

6 Topfenpolster aus dem Kochwasser heben, abtropfen lassen und auf Teller geben. Käse reiben und auf die Topfenpolster streuen. Mit den Gurken garnieren und mit Estragonblättchen dekorieren. Eventuell einen Faden Hollerlikör rundherum ziehen.

Almfondue

Zutaten für 6 Portionen
Zubereitungsdauer ca. 20 Minuten

500 g junger Bergkäse
500 g alter Bergkäse
350 ml Grüner Veltliner
Steinklee *(siehe Kasten Seite 160)*
1–2 EL geschnittener Sraps (wild
wachsender Schnittknoblauch der
alpinen Regionen; ersatzweise
1 zerdrückte Knoblauchzehe)
60 ml Vogelbeerschnaps; genauer:
reiner Brand *(siehe Anmerkung
unten)*
Sauerteigbrot
Schnittlauch zum Garnieren

1   Beide Käse fein reiben – der junge Käse bringt den Schmelz, der alte den würzigen Geschmack.

2   Wein in einem Fonduetopf erhitzen. Käse sowie 1 Msp. Steinklee und Sraps (oder Knoblauch) einrühren und den Käse schmelzen. Schnaps zugießen.

3   Sauerteigbrot in Würfel schneiden. Fondue mit geschnittenem Schnittlauch bestreuen und mit Brot und Schnaps servieren. Statt der Fonduegabeln kann man zwecks durchgängigen Alpin-Stylings selbst geschnitzte Lärchenholzspieße verwenden. Als Digestivum Latschenwipfelschnaps *(siehe Seite 235)* servieren.

Starke Getränke: *»Schnaps« ist eine traditionelle Bezeichnung für Obstbrand, und nach der Art der ehrenhaften Brenner wird für die Herstellung von Schnaps nichts anderes verwendet als die Früchte der Gärten und des Waldes. Das Gesetz ist freilich freizügiger, denn danach kann für die Schnapserzeugung auch Sprit (also industriell hergestellter Alkohol undefinierten Ursprungs) hergenommen werden. Wer nach ehrlich-starken Destillaten sucht, achte auf das Etikett: Nur wenn »reiner Brand« auf der Flasche steht, ist »Schnaps« nach der traditionellen Art drin.*

Anmerkung zum Jugendschutz: *Dieses Gericht (und ganz besonders die flüssigen Beilagen) ist für Kinder und Jugendliche nicht geeignet.*

Wilderersulz MIT BIERTOPFEN UND ROHKOSTSALAT

Zutaten für 12 Portionen
Zubereitungsdauer ca. 4 Stunden

1 kg Gams-, Hirsch- oder
Rehfleisch von Hals, Schulter
oder Brust
1 große Zwiebel
2 Knoblauchzehen
200 g durchwachsener Speck
1 TL schwarze Pfefferkörner
½ TL Korianderkapseln
6 Wacholderbeeren
1 l Rotwein
¼ l Suppe
120 ml Hollerlikör
ca. 40 g Pökelsalz
50 g Gelatinepulver
Salz
Essig
evtl. Essig und Kürbiskernöl zum
Beträufeln

Für den Biertopfen

2 Pfefferoni
2 EL weiche Butter
250 g Topfen (20 % F. i. Tr.)
1 TL Paprikapulver (edelsüß)
dunkles Bier
Salz
Tabasco

Für den Salat

1 Bund Radieschen
1 Kohlrabi
1 Bund Jungzwiebeln
1 Apfel
Salz
Saft von 1 Zitrone
1 Schuss Rapsöl

1 Fleisch in Stücke schneiden. Zwiebel und Knoblauch schälen und in Stücke schneiden. Speck in Würfel schneiden. Alles mit dem Fleischwolf fein faschieren.

2 Pfefferkörner, Korianderkapseln und Wacholderbeeren im Mörser zerreiben oder mit einer flachen Messerklinge zerdrücken. Faschiertes mit Wein, Suppe und Hollerlikör ein paar Minuten köcheln und den dabei aufsteigenden Schaum abschöpfen. Sobald kein Schaum mehr aufsteigt, Pökelsalz und die vorbereiteten Gewürze dazugeben. Sulzenansatz gesamt etwa 45 Minuten köcheln, die Masse wird dabei glasig.

3 Gelatinepulver einrühren, den Sulzenansatz mit Salz und Essig würzig und pikant-säuerlich abschmecken. Masse in eine Kastenform oder in Portionsförmchen füllen und mehrere Stunden kühlen.

4 Für den Biertopfen Pfefferoni putzen und in kleine Würfel schneiden. Butter cremig rühren, Topfen, Paprikapulver und Pfefferoniwürfel einrühren. So viel Bier einrühren, dass die Masse cremig wird. Biertopfen mit Salz und Tabasco abschmecken.

5 Für den Salat Radieschen putzen und waschen, Kohlrabi schälen, Jungzwiebeln putzen und waschen, Apfel waschen und das Kerngehäuse ausschneiden. Alles in kleine Streifen schneiden, leicht salzen und mit Zitronensaft und Rapsöl marinieren.

6 Sulz portionieren und auf Teller geben. Eventuell mit Essig und Kürbiskernöl beträufeln. Rohkostsalat und Biertopfen sowie Sauerteigbrot als Beilage servieren.

Gesurte Milchferkelkeule

MIT ZWEIGELTSAFT UND BRATERDÄPFELN

Zutaten für 6 Portionen
Zubereitungsdauer ca. 1 Woche

6 Milchferkelkeulen
1 EL grob zerdrückte schwarze
Pfefferkörner
Salz
Salbei- oder Bachkresse zum
Garnieren

Für die Sur
75 g Pökelsalz
3 EL Zucker
1 Knolle Knoblauch
1 kleines Stück Zimtstange
1 Sternanis
1 TL Senfkörner
2 Gewürznelken

Für den Saft
¾ l Zweigelt
60 ml Balsamessig
ca. 2 EL Ribisellikör (Cassis)
4 EL Gewürzhonig *(siehe Seite 173)*
4 Blatt Gelatine

Für die Erdäpfel
600 g heurige (junge) Erdäpfel
2 EL Butterschmalz
Salz
Pfeffer

1 Für die Sur 3 l Wasser mit den genannten Zutaten vermischen. Fleisch in die Sur legen und abgedeckt gekühlt 1 Woche ziehen lassen; das Fleisch sollte von der Flüssigkeit völlig bedeckt sein, daher eine entsprechende Menge der Sur ansetzen.

2 Keulen in der Sur aufsetzen und die Flüssigkeit aufkochen. Aufsteigenden Schaum abschöpfen. Keulen weich kochen, das dauert etwa 1½ Stunden; die Keulen sind ausreichend gegart, wenn sich der dünne Knochen aus dem Fleisch drehen lässt. Backofen auf 250 °C vorheizen.

3 Keulen aus der Sur heben und in einen Schmortopf geben. Pfeffer mit 1 EL Salz vermischen und die Keulen mit dieser Mischung einreiben. Keulen im Ofen etwa 30 Minuten braun braten.

4 Für den Saft Wein mit Essig, Ribisellikör und Gewürzhonig auf ein Viertel der ursprünglichen Menge einkochen. ½ l Sur zugießen und die Flüssigkeit auf etwa 300 ml einkochen. Gelatine mit dem Schneebesen in die Reduktion rühren.

5 Erdäpfel gut waschen und mit der Schale dämpfen. In einer großen Pfanne Butterschmalz erhitzen, Salz und Pfeffer in die Pfanne streuen. Erdäpfel der Länge nach halbieren und mit den Schnittflächen nach unten in die Pfanne legen. Erdäpfel in der zugedeckten Pfanne einige Minuten goldbraun braten.

6 Keulen auf Teller geben und mit Zweigeltsaft überziehen. Erdäpfel als Beilage geben. Als Dekoration passen Salbei- oder Bachkresseblätter.

WILDE WUNDER

Köstlichkeiten aus Wiesen, Wäldern und von Wegesrändern

Erlesenes und Aufgelesenes direkt aus der Natur

Was Wald und Wiesen für die gute Küche bringen: Wildbret und Pilze, süße Beeren für Desserts und Mehlspeisen, herbe Beeren für Kompott und Schnaps und Kräuter für die individuelle Würze. Wie weit man sich versteigen muss, um an die aromatischen Zirbenzapfen zu kommen, sieht man auf der nächsten Seite. Der Ellmer Herbert hat den Wipfel fest im Griff.

Die billigen Gaben der Natur bestmöglich zu nutzen ist eine Wirtschaftlichkeit, zu der sich Karl und Rudi Obauer gern bekennen. Was im Wald und am Wegesrand gedeiht, in den Gärten im Überfluss wuchert und auf den Almwiesen unbeachtet vor sich hin vegetiert, hat ja kulinarisch keinen geringeren Wert als die sogenannten Luxusprodukte mit internationaler Verkehrsfähigkeit. Ganz im Gegenteil. Nur muss man wissen, wo die wild wachsenden Delikatessen zu finden sind und wie man an sie herankommt. Das Herankommen ist oft gar nicht einfach und nötigt den Sammler mitunter zum Erklimmen schwankender Baumkronen, zum Durchsteigen wilder Schluchten und zur Durchquerung ungastlicher Heckenschläge.

Dem Küchenchef Rudi Obauer bereitet dieses Leben mit der kulinarischen Natur mindestens genauso viel Freude wie das finessenreiche Spiel mit raffinierten Würzmischungen und fein justierten Garzuständen. Er tut auch viel dafür, um diese Freude wachzuhalten: »Ich schau, dass ich alte Leute kennenlerne, weil die mir was verraten können.« Zum Beispiel, aus welcher Sorte Wurzeln man einen Enzianschnaps ansetzt, der nicht nur guttut, sondern auch gut schmeckt (vom Pannonischen Enzian, der trotz seines Namens in den Gebirgsregionen verbreitet ist). Wann man den Sanddorn holen muss, damit man die Beeren von den Zweigen runterkriegt (nach dem ersten Frost). Wie man die Zirbenzapfen für den Schnaps schneiden muss, damit sie den meisten Geschmack abgeben (quer). Dass der wilde Wacholder nur in jedem vierten Jahr Beeren bringt und man eine solche Gelegenheiten nicht ungenutzt verstreichen lassen darf. Und natürlich lässt sich von alten Menschen, die ihr Land besser kennen als die jungen, in Erfahrung bringen, wo man etwas findet oder pflücken kann.

AUF DIE KRÄUTERPIRSCH

Bergkräuter zum Beispiel, die in der kurzen Vegetationsperiode an der Baumgrenze enorm viel Aroma anreichern. Neben dem bekannten Bergthymian alias Quendel und Steinklee alias Schabzigerklee gehen die ganz generell bergnarrischen Obauers auch auf die Pirsch nach so seltenen Sprösslingen wie Sraps (einem nach Knoblauch duftenden Kräutlein), Speik, der wie kurzes, fettes Gras aussieht, über der Baumgrenze wächst und einen eigenartigen Duft nach Harz und Weihrauch abgibt, und Meisterwurz, in dessen dickfleischige Blätter man Käse einschlagen kann, damit er ein zartes Anis- und Wacholderaroma annimmt. »Von Speik und Sraps würdest du nie was erfahren, wenn dich keiner in das Geheimnis einweiht«, schätzt Rudi Obauer die Unterweisung durch seine in die Jahre gekommenen Gesprächspartner und freut sich über jeden Fund.

Von den Altvordern lässt sich auch so manches über wünschenswerte Nebenwirkungen von Wildkräutern erfahren. Dass die dekorativen Gänseblümchen der Leber, Galle und Lunge guttun, der würzige Spitzwegerich Entzündungen hemmt, die Brennnessel nicht nur kulinarische Qualitäten haben, sondern auch wirkungsvoll gegen Rheuma und Kopfschuppen sein kann, und die Schlüsselblume, aus der man bei Obauers gern »Honig« kocht, gegen Herzbeschwerden wirkt – das alles und noch viel mehr wissen naturverbundene alte Menschen besser als das Internet.

WAS DIE NATUR GIBT, SCHMACKHAFT KOMPLETTVERWERTEN

Obauers Sammelrevier im Innergebirge zwischen Pass Lueg und Nationalpark Hohe Tauern ist für die Kräuterjagd ergiebig. Und auch das klassische Waidwerk wird hier nach Kräften ausgeübt. Das Wild vermehrt sich eifrig in den weitläufigen Naturlandschaften von Pinzgau, Pongau und Lungau und muss beständig auf verträgliche Populationen reduziert werden, wenn Wald und Landwirtschaft nicht massiv geschädigt werden sollen. Für Genießer hat dieser Wild- und Artenreichtum positive Seiten. »Dank der Jäger in der Verwandtschaft kommen wir auch an manches seltene Stück heran, das Wildlieferanten nicht im Programm haben können«, freut sich Karl Obauer. Auerhahn und Birkhahn sind solche Raritäten, die in Obauers Küche am liebsten mit wildem Wacholder, Quendel, Enzianschnaps, Rosmarin und schwarzem Pfeffer zubereitet werden.

Wenn die Verwandtschaft fallweise einen ganzen Hirsch ins Haus bringt, dann geht es in Obauers Küche wie in den alten Zeiten zu, als der Vater noch seine Metzgerei betrieben hat. Da wird zerlegt und zerteilt und ausgelöst, bis das gesamte Wildbret für die kulinarische Veredelung vorbereitet ist. Man muss schon wissen, welches Stück sich wofür eignet, was gebraten, geschmort, zu Ragouts und Fonds gekocht gehört, was man verwursten muss und was man an der Luft trocknen kann. »Mindestens drei Tage hast mit einem solchen Hirsch zu tun«, weiß Rudi Obauer, doch essen kann man davon erheblich länger.

SCHATZSUCHE IM TIEFEN TANN

Zu den größten Köstlichkeiten aus der Wildnis zählen Pilze. Auch davon gibt es im Salzburger Land reichlich, nur erfordert die Pilzpirsch spezielle Talente: den scharfen Blick und viel Geduld. »Geduld zählt nicht zu meinen Stärken«, weiß Rudi Obauer, »drum müssen andere Schwammerl suchen gehen.« Wobei im Salzburger Sprachgebrauch Schwammerl nicht gleich Schwammerl und schon gar nicht Pilz ist. Unter Schwammerln versteht man nur die Eierschwammerln alias Pfifferlinge. »Pilze« sind in erster Linie Steinpilze und in zweiter Hinsicht alle anderen Schwammerln. Darunter sind wahre Schätze für die gute Küche, die aber von wegen Verwechslungsgefahr mit undelikaten Pilzen nur der Fachmann heben sollte. Der Erber Peter ist ein solcher Waldläufer mit Sachverstand und scharfem Blick und versorgt die Obauers mit Hallimasch und Herbsttrompeten, Maronen, Parasolen, Birkenpilzen und Krausen Glucken. Und einmal im Jahr kommt er mit einem ganzen Korb voller verschiedener Pilze und breitet am Tisch in Obauers Garten die seltsamsten Gewächse aus: Judasohren und Täublinge in verschiedensten Farben, Schnecklinge, Trichterlinge und Bovisten. »Was man alles gut essen kann«, sagt der Erber Peter. Doch nicht jedes dieser wilden Wunder ist unverdächtig.

Wildleberaufstrich MIT SCHWARZBEEREN UND PILZEN

Zutaten für 6 Portionen
Zubereitungsdauer ca. 1 Stunde

1 mittelgroße Zwiebel
1 Knoblauchzehe
60 g Steinpilze
250 g Wildleber (oder Kalbsleber)
50 g Rosinen
70 g Schwarzbeeren
3–4 EL Butter, 20 ml Rum
Zimt (gemahlen)
schwarzer Pfeffer (gemahlen)
Salz
250 g Schlagobers
2 EL Schweineschmalz
ca. 1 EL Erdnussöl

1 Zwiebel und Knoblauch schälen und hacken. Pilze putzen und klein schneiden. Leber putzen und in Stücke schneiden. Rosinen heiß waschen. Schwarzbeeren verlesen und waschen.

2 Zwiebel, Knoblauch, Pilze und Leber in etwa 1 EL Butter anschwitzen. Rum zugießen, Rosinen, Beeren, 1 Prise Zimt, 1 Msp. Pfeffer, Salz und Obers einrühren. Alles 15 Minuten köcheln und mit 2 bis 3 EL Butter hochtourig mixen.

3 Masse in kleine Gläser oder Becher füllen und kühlen. Schweineschmalz mit Erdnussöl mischen und den kalten Aufstrich mit einer dünnen Fettschicht versiegeln. Dazu passt getoastetes Schwarzbrot oder Kletzenbrot, wie auf Seite 153 beschrieben.

Eierschwammerlsuppe

Zutaten für 6 Portionen
Zubereitungsdauer ca. 30 Minuten

400 g Eierschwammerln
1 Knoblauchzehe
3 Schalotten
½ l Hühnersuppe
1 EL Pilzmehl *(siehe Anmerkung Seite 143)*
Salz
Pfeffer
300 g Crème fraîche
ca. 1 EL Butterschmalz
Liebstöckel zum Garnieren

1 Eierschwammerln putzen und in kaltem Wasser waschen. Knoblauch und Schalotten schälen und hacken. Die Hälfte der Eierschwammerln – man nimmt dafür die großen Schwammerln – hacken und mit Knoblauch, Schalotten, Hühnersuppe, etwa ½ l Wasser, Pilzmehl, Salz und Pfeffer etwa 15 Minuten köcheln. Crème fraîche einrühren. Suppe pürieren und mit Salz und Pfeffer abschmecken.

2 Restliche Schwammerln in Butterschmalz bei starker Hitze braten, bis die austretende Flüssigkeit verdampft ist. Schwammerln salzen und in Suppenteller geben. Suppe aufkochen und auf die Schwammerln gießen. Zum Servieren mit fein geschnittenem Liebstöckel bestreuen.

Parasol-Rahmsuppe MIT BERGKÄSE

Zutaten für 6 Portionen
Zubereitungsdauer ca. 30 Minuten

1 Zwiebel
250 g Parasole
2 Knoblauchzehen
2 EL Butter
2 TL Roggenmehl
½ l Suppe
500 g Schlagobers
2 TL Steinpilzmehl *(siehe Anmerkung rechts)*
3 Anissamen
2 EL Sauerrahm
Salz
Pfeffer
120 g junger Bergkäse
Kräuter (z.B. Löwenzahn, Kerbel und Liebstöckel)

1 Zwiebel schälen und hacken. Parasole putzen und in Streifen schneiden. Knoblauch schälen und hacken.

2 Alles in Butter anschwitzen. Mit Roggenmehl stauben und mit Suppe und Schlagobers aufgießen. Steinpilzmehl und Anissamen einrühren. Suppe etwa 20 Minuten köcheln.

3 Suppe durch ein Sieb seihen. Sauerrahm einmixen und die Suppe mit Salz und Pfeffer abschmecken.

4 Käse reiben, in die Teller geben und mit heißer Suppe aufgießen. Suppe mit geschnittenen Kräutern oder Brennnesselpaste *(siehe Seite 230)* garnieren.

Pilzmehl gibt Würze: *Dieses vielseitig einsetzbare Würzmittel ist bei manchen gut sortierten Delikatessenhändlern erhältlich. Man kann es auch leicht selbst herstellen, indem man getrocknete Pilze wie Steinpilze, Parasole oder Maronenröhrlinge in einer Küchenmaschine so gut wie möglich zerkleinert. Pilzmehl gibt nicht nur Ragouts und Suppen ein interessantes Aroma, es macht sich auch gut in Knödeln und Semmelfüllen.*

Geschmack aus der Natur

Auf unzähligen saftigen Wiesen zu finden, ist **LÖWENZAHN** (Röhrl) ein äußerst verbreitetes Wildkraut. In Zeiten der Not wurde er gern gesammelt und als Salat zubereitet. Heute wird Löwenzahn auch auf Märkten angeboten. Allerdings in einer großblättrigen Form, die mit jungen, hellgrünen Blättern des wilden Löwenzahns geschmacklich nicht mithalten kann. Also raus aufs Land und die zartherben Triebe pflücken! Die gelben Blütenblätter sind eine hübsche Dekoration für Salate und Gemüsegerichte.

Hirschsuppe MIT SCHWARZBROTPOFESEN

Zutaten für 6 Portionen
Zubereitungsdauer ca. 3 Stunden

500 g Hirschfleisch

200 g Knollensellerie

3 Karotten

15 g Ingwer

3 Knoblauchzehen

2 Zwiebeln

ca. 1 EL Pflanzenöl

½ l Rotwein

5 Wacholderbeeren

ca. 5 cm Zimtstange

1 EL Majoran (getrocknet)

2 Pimentkörner

1 TL Liebstöckel (getrocknet)

2 Lorbeerblätter

Wacholderschnaps

Salz

Tabasco

1 TL Pfeilwurzelmehl *(siehe Anmerkung Seite 36)*

evtl. Schnittlauch zum Garnieren

Für die Pofesen

150 g Wildleber

1 kleiner Steinpilz oder

3 Champignons

1 Knoblauchzehe

1 Schalotte

1 Scheibe Speck

1 TL Weizengrieß

1 EL Butter

Salz, Pfeffer

Tabasco

Kümmel (gemahlen)

60 g QimiQ

Schwarzbrot

1 Für die Pofesen Leber klein schneiden. Steinpilz oder Champignons putzen und in Scheiben schneiden. Knoblauch und Schalotte schälen und in Scheiben schneiden. Speck hacken. Alle Zutaten mit Grieß in Butter im zugedeckten Topf schmurgeln, bis die Leber gar ist. Mit Salz, Pfeffer, Tabasco und 1 kleinen Prise Kümmel würzen, QimiQ dazugeben und alles in der Küchenmaschine zu einer Paste verarbeiten. Paste kalt stellen.

2 Brot in 2 bis 3 mm dicke Scheiben schneiden, mit reichlich Leberpaste bestreichen, mit einer zweiten Brotscheibe abdecken. Brote in Frischhaltefolie einschlagen und tiefkühlen.

3 Brote vor der Verwendung aus dem Tiefkühler nehmen, in Quadrate von 2 bis 3 cm Kantenlänge schneiden und auf Zimmertemperatur bringen.

4 Für die Suppe das Fleisch durch die mittlere Scheibe eines Fleischwolfs drehen. Sellerie, Karotten, Ingwer, Knoblauch und Zwiebeln schälen und klein schneiden.

5 In einem großen Topf Öl erhitzen. Fleisch, Gemüse und Knoblauch darin anschwitzen, mit Wein ablöschen und mit 3 l Wasser aufgießen. Alles aufkochen, aufsteigenden Schaum abschöpfen. Sobald kein Schaum mehr aufsteigt, Gewürze dazugeben. Suppe zugedeckt etwa 1 Stunde köcheln.

6 Suppe mit Wacholderschnaps, Salz und Tabasco abschmecken. Pfeilwurzelmehl in Wasser anrühren, so viel davon in die Suppe einkochen, dass sich eine leichte Bindung ergibt.

7 Pofesen in Suppenteller legen und mit heißer Suppe übergießen. Eventuell mit Schnittlauch bestreuen.

Sellerie–Schwammerl–Suppe

Zutaten für 6 Portionen
Zubereitungsdauer ca. 30 Minuten

1 mittelgroße Knolle Sellerie

6 Schalotten

1 Knoblauchzehe

500 g Schlagobers

1 l klare Suppe

1 TL Steinpilzmehl *(siehe Anmerkung Seite 143)*

Salz

2 EL Crème fraîche

ca. 1 TL Maisstärkemehl

Cayennepfeffer

400 g Pilze (z. B. Wiesenchampignons, Herbsttrompeten und Maronenröhrlinge)

1 EL Butter

Pfeffer

Paprikapulver (edelsüß)

insgesamt ca. 2 EL fein gehackte Petersilie, Sellerieblätter und evtl. Kerbel

1   Sellerie schälen und in Würfel schneiden. Schalotten und Knoblauch schälen und in Scheiben schneiden.

2   Sellerie, Schalotten, Knoblauch, Obers, Suppe, Steinpilzmehl und 1 Prise Salz in einen Topf geben und köcheln, bis der Sellerie weich ist. Crème fraîche einrühren und die Suppe pürieren, zwecks Bindung eventuell ein wenig in Wasser aufgelöstes Stärkemehl einkochen. Suppe durch ein Sieb streichen und mit Salz und Cayennepfeffer abschmecken.

3   Pilze putzen und in messerrückendicke Scheiben schneiden. In einer großen Pfanne Butter bis zum Aufschäumen erhitzen. Pilze einlegen und bei starker Hitze unter mehrfachem Schwenken rösten. Mit Salz, Pfeffer, Paprikapulver und Cayennepfeffer abschmecken, die Kräuter unterrühren.

4   Suppe in Teller schöpfen und die Pilze als Einlage hineingeben.

Sellerieschalen zur Geschmacksverstärkung: *Für eine besonders intensive Aromaentwicklung eine große Knolle Sellerie verwenden, gut waschen, großzügig schälen und die Schalen mit einer halbierten Zwiebel und den Abschnitten vom Pilzeputzen in kaltem Wasser aufsetzen, leicht salzen und etwa 5 Minuten köcheln. Topf vom Herd nehmen. Selleriegrün, ein wenig Liebstöckel und/oder Zitronenmelisse in den Fond geben und alles im zugedeckten Topf auskühlen lassen. Fond abseihen. Passt für die Zubereitung von Suppen, aber auch für das Aufgießen von Risotto.*

Steinpilzterrine

Zutaten für 6 Portionen
Zubereitungsdauer ca. 2 Stunden

1 Schalotte
1 Knoblauchzehe
200 g Steinpilze
1 EL Butter
300 g Beinschinken
500 g QimiQ
2 EL Dijon-Senf
1 EL Steinpilzmehl *(siehe Anmerkung Seite 143)*
Salz
Pfeffer

1 Schalotte und Knoblauch schälen und fein hacken. Pilze putzen und in kleine Stücke schneiden. Pilze, Schalotte und Knoblauch in Butter braten, bis die von den Pilzen austretende Flüssigkeit verdampft ist *(siehe Anmerkung unten)*.

2 Den Schinken fein faschieren. Pilze mit Schinken, QimiQ, Senf und Steinpilzmehl vermischen und mit Salz und Pfeffer abschmecken. Alles in eine Küchenmaschine geben und zu einer glatten Masse mixen.

3 Zwei kleine Terrinenformen oder eine große Terrinenform innen anfeuchten und mit Frischhaltefolie möglichst faltenfrei auslegen (das Anfeuchten dient dazu, dass die Folie gut an der Form haftet). Masse etwa zwei Finger hoch in die Form(en) füllen. Terrine(n) kühlen.

4 Terrine(n) aus der/den Form(en) heben und in Scheiben schneiden. Mit Essigsteinpilzen *(siehe Seite 231)* und Salat anrichten.

Pilze richtig braten: *Pilze nehmen ihrer Natur gemäß beim Braten viel Fett auf. Das kann man verhindern, wenn man die geputzten Pilze in Scheiben oder Würfel schneidet und vor dem Braten blanchiert. Dafür die Pilze in ein Sieb geben, etwa 10 Sekunden in gesalzenes und sprudelnd kochendes Wasser hängen, aus dem Wasser heben und gut abtropfen lassen. Danach braucht man für das Braten der Pilze deutlich weniger Fett und erhält erheblich mehr Pilzgeschmack.*

Morcheln MIT BRÖSELFÜLLE

Zutaten für 6 Portionen
Zubereitungsdauer ca. 45 Minuten

1 kleine Zwiebel
ca. 90 g weiche Butter
1 Knoblauchzehe
ca. 2 EL gehackte Petersilie und/
oder Selleriegrün
60 g Semmelbrösel
warme Milch
1 Ei
Salz
Pfeffer
Muskatnuss
36 große Morcheln
100 g junger Bergkäse

Für die Sauce
1 kleine Zwiebel
100 g Champignons
1 EL Butter
ca. 2 EL Weinbrand oder Cognac
250 g Schlagobers
1 EL Mascarpone
Suppenwürze

1 Zwiebel schälen und fein hacken. Zwiebel in etwa 1 EL Butter anschwitzen und mit gepresstem Knoblauch aromatisieren, Kräuter einrühren.

2 Semmelbrösel mit so viel warmer Milch übergießen, dass sich eine saftige Masse ergibt. 80 g weiche Butter cremig rühren. Ei verquirlen und nach und nach in die Butter einarbeiten. Sollte die Masse nicht binden, kurz über Wasserdampf rühren, damit lässt sich eine homogene Mischung erreichen. Brösel und abgekühlte Zwiebelmischung mit dem Butterabtrieb verrühren, mit Salz, Pfeffer und geriebener Muskatnuss abschmecken.

3 Von den Morcheln die Stiele abschneiden und beiseitelegen. Morcheln unter fließendem kaltem Wasser innen und außen gründlich reinigen. Achtung: Morcheln können recht sandig sein, daher gut reinigen! Morcheln auf Küchenkrepp abtropfen lassen.

4 Bröselmasse in einen Dressiersack mit großer Tülle füllen und in die Morcheln spritzen. Backofen auf 200 °C vorheizen.

5 Für die Sauce Zwiebel schälen und hacken. Champignons putzen. Champignons und Morchelstiele hacken. Zwiebel und Pilze in Butter anschwitzen. Mit Weinbrand ablöschen und mit Obers aufgießen, Mascarpone und ein wenig Suppenwürze einrühren. Alles etwa 15 Minuten köcheln. Die Masse pürieren und durch ein Sieb streichen.

6 Bergkäse fein reiben. Morcheln eng aneinander mit den Spitzen nach oben in eine ofenfeste Form stellen, die Morcheln sollten die ganze Form ausfüllen. Morcheln mit Sauce übergießen, mit Käse bestreuen und im Ofen etwa 10 Minuten garen.

7 Morcheln mit Sauce anrichten. Dazu passt Kopfsalat mit Buttermilchdressing *(siehe Seite 230).*

Gams-Carpaccio MIT PFIRSICH UND KAFFEEÖL, BURGUNDERSENF UND GEWÜRZHONIG

Zutaten für 6 Portionen
Zubereitungsdauer ca. 2 Stunden

400 g Kaiserteil von der Gams
(ein Teil vom Schlegel)
1 TL gemahlener Kaffee
150 ml Maiskeimöl
250 g reife Pfirsiche
Saft von 1 Orange
Salz
schwarzer Pfeffer
frisch geriebener Kren zum
Garnieren

Für den Gewürzhonig
abgeriebene Schale von je 5 unbehandelten Orangen und Zitronen
2 Knoblauchzehen
30 g grob geriebener Ingwer
1 EL fein gehackter Rosmarin
1 EL grob zerdrückte schwarze
Pfefferkörner
400 g Waldhonig
4 EL Hollersirup
½ EL Kümmel (ganz)
1 EL Ketchup

1 Für den Gewürzhonig alle Zutaten in einen Topf geben und aufkochen. Vor der Verwendung 1 Woche durchziehen lassen.

2 Fleisch in Frischhaltefolie legen und tiefkühlen, bis es leicht gefroren ist.

3 Kaffee mit Öl vermischen, 1 Stunde stehen lassen und durch einen Kaffeefilter seihen.

4 Pfirsiche waschen, das Fruchtfleisch in Würfel schneiden und mit Kaffeeöl, Orangensaft, Salz und Pfeffer vermischen.

5 Gamsfleisch in hauchdünne Scheiben schneiden – gelingt am besten mit einer Maschine – und mit marinierten Pfirsichen, der Marinade und Gewürzhonig anrichten. Mit frisch geriebenem Kren bestreuen. Dazu passt auch Burgundersenf *(siehe Seite 43 Schritt 5)*, ein Zirbenspieß mit luftgetrocknetem Gamsrücken (oder auch Hirschschinken) und Trebernrosinen (dafür große Rosinen mindestens 1 Tag in Trebernbrand einlegen).

Variation zur Gams: *Dieses Gericht bezieht seinen Reiz aus dem Zusammenspiel des rassigen Schinkens mit dem Süßen und dem Bitteren. Statt Gams kann man auch Hirsch, Gänsebrust oder luftgetrocknetes Fleisch verwenden.*

Hirschschinken MIT ESSIGZWETSCHKEN

Zutaten für 6 Portionen
Zubereitungsdauer ca. 10 Tage

1 kg Zwetschken
550 g Traubenzucker
200 ml Rotweinessig
100 ml Rotwein
5 Gewürznelken
500 g luftgetrockneter
Hirschschinken
100 g Pignoli
evtl. 30 g Mohn (ungequetscht)

1 Zwetschken waschen, halbieren und entkernen. Zucker mit Essig, Wein und Gewürznelken etwa 5 Minuten kochen. Flüssigkeit auf die Zwetschken gießen. Zwetschken in einem zugedeckten Topf 1 Tag marinieren.

2 Flüssigkeit von den Zwetschken abgießen, auf dickflüssige Konsistenz einkochen und wieder auf die Zwetschken gießen. Zwetschken einen weiteren Tag marinieren.

3 Flüssigkeit erneut abgießen und zu dickflüssigem Sirup einkochen. Zwetschken und Sirup vermischen und die Zwetschken vor dem Gebrauch 1 Woche stehen lassen.

4 Hirschschinken hauchdünn schneiden, mit Essigzwetschken anrichten und mit gerösteten Pignoli und eventuell auch gerößtetem Mohn bestreuen.

Variation: *Diese Zwetschken passen zu allen Arten von geräuchertem oder luftgetrocknetem Fleisch, zu Beinschinken und zu Hartwürsten. Eine besonders schöne Kombination ergibt sich mit würzigem Käse wie altem Bergkäse, Ziegenkäse oder Schabziger (siehe Kasten Seite 160).*

Hirschtatar AUF KLETZENBROT

Zutaten für 6 Portionen bzw. 4 Striezel Kletzenbrot
Zubereitungsdauer ca. 1 Tag

Für das Hirschtatar

350 g Hirschfilet
Salz
Pfeffer
Tabasco
ca. 1 EL Vogelbeerschnaps
60 ml Walnussöl
abgeriebene Schale von
1 unbehandelten Orange
frischer Kren zum Garnieren

Für das Kletzenbrot

300 g Kletzen (Trockenfrüchte)
90 g Germ
1 EL Zucker
3 kg Roggenmehl
125 g Kefir
1½ kg Rosinen
200 g Aranzini
250 g Haselnüsse
ca. 1 TL Zimt (gemahlen)
Gewürznelken (gemahlen)
ca. 120 ml Rum
Milch zum Bestreichen
Korianderkapseln
Butter zum Einreiben

1 Für das Kletzenbrot Kletzen über Nacht einweichen. Germ mit Zucker und etwa 3 EL lauwarmem Wasser vermischen. Dieses Dampfl mit einem Tuch abdecken und an einem warmen Ort aufgehen lassen.

2 Mehl mit dem Dampfl, etwa 400 ml Wasser und Kefir zu einem eher festen Teig verkneten, die Konsistenz durch Zugabe von mehr oder weniger Wasser einstellen. Teig zudecken und an einem warmen Ort ruhen lassen.

3 Rosinen heiß waschen. Kletzen (Einweichwasser beiseitestellen) und Aranzini in rosinengroße Stücke schneiden. Nüsse grob hacken. Früchte und Nüsse mit Zimt, 1 Msp. Gewürznelken und Rum vermischen.

4 Vom Teig ein Drittel für den Mantel reservieren. Restlichen Teig mit den Früchten vermengen. Aus dieser Mischung 4 Striezel mit einem Durchmesser von etwa 7 cm formen. Den Backofen auf 250 °C vorheizen.

5 Restlichen Teig etwa 5 mm dick ausrollen. Striezel befeuchten (am besten mit dem Einweichwasser der Kletzen), in Teig einschlagen und mit den Verschlussseiten nach unten auf ein Backblech setzen. Kletzenbrote 30 Minuten ruhen lassen.

6 Kletzenbrote mit Milch bestreichen und mit grob gemahlenem Koriander bestreuen. Im Ofen etwa 1 Stunde backen. Warme Kletzenbrote mit Butter einreiben.

7 Für das Tatar Fleisch putzen, Sehnen und Haut entfernen, und das Fleisch sehr fein hacken. Mit Salz, Pfeffer, Tabasco, Vogelbeerschnaps, Öl und Orangenschale vermengen. Mit einer Gabel gut durchdrücken.

8 Kletzenbrot in etwa 3 mm dicke Scheiben schneiden und leicht toasten oder rösten. Tatar auf Kletzenbrotscheiben häufeln und mit frisch geriebenem Kren bestreuen.

Vorratshaltung: *Kletzenbrot bleibt lange frisch, passt hervorragend zur Jause und zum reifen Käse und ist ein erfreuliches Geschenk für Menschen mit Geschmack. Ergo: In großen Mengen backen!*

Fasan MIT KOHL UND MARONI

Zutaten für 6 Portionen
Zubereitungsdauer ca. 1½ Stunden

2 Fasane (küchenfertig)
ca. 4 EL Butterschmalz
3 Wacholderbeeren
3 Knoblauchzehen
¼ l süßer Sherry
Salz
1 Zweig Thymian
2 Geflügellebern
Mascarpone
Pfeffer
ca. 3 EL Wacholderschnaps (Gin)
25 Maroni

Für den Kohl

ca. 600 g Kohl (Wirsing)
Salz
1 große Zwiebel
3 Knoblauchzehen
2 Scheiben durchwachsener Speck
2 EL Butterschmalz
Pfeffer
Kümmel (ganz)
1 Beutel Pfefferminztee

1 Von den Fasanen das Brustfleisch von den Knochen schneiden. Keulen ablösen. Karkassen hacken oder mit der Geflügelschere in Stücke schneiden. 2 EL Butterschmalz mit den zerdrückten Wacholderbeeren und angedrückten Knoblauchzehen (mit der Schale) erhitzen. Fasanenkeulen und Karkassen rundherum anbraten und mit Sherry ablöschen. So viel Wasser zugießen, dass die Keulen etwa zur Hälfte in der Flüssigkeit stehen. Alles salzen, Thymian dazugeben und die Keulen im zugedeckten Topf etwa 45 Minuten sanft köcheln, bis das Fleisch weich ist. Alles abkühlen lassen.

2 Kohl putzen, in Fleckerln von etwa 4 x 4 cm Größe schneiden und in gesalzenem Wasser etwa 10 Minuten kochen. Zwiebel und Knoblauch schälen und hacken. Speck in kleine Würfel schneiden. In einem geräumigen Schmortopf 2 EL Butterschmalz erhitzen, Zwiebel, Knoblauch und Speck darin anschwitzen, Kohl dazugeben. Mit 1 Schuss Fond von den Fasanenkeulen aufgießen, salzen, pfeffern, 1 Prise Kümmel einrühren und den Pfefferminzteebeutel dazugeben. Kohl im zugedeckten Topf etwa 25 Minuten weich dämpfen.

3 Fleisch der Fasanenkeulen von den Knochen zupfen. Fond durch ein Sieb gießen. Geflügellebern hacken, in 1 EL Butterschmalz anschwitzen, mit Fond aufgießen, Flüssigkeit aufkochen und so viel Mascarpone einrühren, dass eine leicht gebundene Sauce entsteht. Mit Salz und Pfeffer abschmecken. Mit dem Mixstab glatt pürieren. Dabei auch Wacholderschnaps einmixen.

4 Backofen auf 250 °C vorheizen. Maroni auf den gewölbten Seiten einschneiden und im Ofen etwa 20 Minuten braten, bis die Schalen aufgesprungen sind. Maroni aus den Schalen lösen.

5 Fasanenbrüste teilen, sodass die dünnen und dicken Stücke getrennt sind. Fleisch salzen, pfeffern und auf beiden Seiten in etwa 1 EL Butterschmalz sanft anschmurgeln. Keulen- und Brustfleisch auf den Kohl legen, zuvor den Teebeutel entfernen, die dünnen Stücke von den Fasanenbrüsten noch zurückbehalten. Maroni dazugeben und alles mit Sauce übergießen. Topf zudecken und das Fleisch bei schwacher Hitze etwa 10 Minuten gar ziehen lassen, gegen Ende der Garzeit die dünnen Bruststücke dazulegen. Das Fasanengericht im Topf zu Tisch bringen.

Hirschrücken MIT BIRNEN

Zutaten für 6 Portionen
Zubereitungsdauer ca. 1 Stunde

1 kg Hirschrücken
ca. 1 EL schwarze Pfefferkörner
Salz
6 Schalotten
6 Knoblauchzehen
2 EL Schmalz
1 Scheibe durchwachsener Speck
4 Wacholderbeeren
Küchengarn

Für die Birnen
2 Birnen (nicht zu weich)
6 Schalotten
6 Knoblauchzehen
¼ l Apfelsaft
gehackte Kräuter (z. B. Minze,
Oregano, Quendel) *(betreffs
Quendel siehe Kasten auf Seite 25)*
2 EL Butter
Salz, Pfeffer

Für die Sauce
70 ml Kräuterlikör (z.B. Under-
berg, Chartreuse, Averna)
¼ l Ribisellikör (Cassis)
¾ l Rotwein (am besten Merlot
oder Blauburgunder)
70 ml Balsam-Apfelessig
3 Wacholderbeeren
kalte Butter
Salz, Pfeffer

1 Für die Birnen den Backofen auf 220 °C vorheizen. Birnen waschen, vierteln oder halbieren. Schalotten schälen. Birnen, Schalotten und Knoblauch (mit der Schale) in einen Topf geben, Apfelsaft zugießen, Kräuter und Butter dazugeben, mit Salz und Pfeffer würzen. Birnen im Backofen weich schmoren. Falls nötig, Apfelsaft nachgießen.

2 Für die Sauce Liköre, Wein, Essig und Wacholderbeeren in einen Topf geben und so lange kochen, bis die Flüssigkeit auf ein Viertel der urspünglichen Menge reduziert ist. So viel kalte Butter in die Reduktion einarbeiten, dass die Sauce eine leichte Bindung erhält. Mit Salz und Pfeffer abschmecken.

3 Hirschrücken putzen, Sehnen und Häute wegschneiden beziehungsweise abziehen. Mit Küchengarn in Form binden. Pfefferkörner im Mörser zerreiben oder mit einer flachen Messerklinge zerdrücken. Hirschrücken salzen und mit reichlich grobem Pfeffer einreiben.

4 Schalotten schälen, Knoblauch anquetschen, sodass die Schale aufspringt. In einer Bratpfanne Schmalz erhitzen. Fleisch rundherum anbraten. Speck, Wacholderbeeren, Schalotten und Knoblauch dazugeben und den Braten im Ofen bei 220 °C etwa 25 Minuten bis zu einer Kerntemperatur von 60 °C braten; Kerntemperatur mit einem Bratenthermometer prüfen. Fleisch im ausgeschalteten Ofen bei geöffneter Tür mindestens 15 Minuten ruhen lassen.

5 Fleisch in Scheiben schneiden und mit Birnen, Sauce, Knoblauch und Schalotten auf Teller geben. Dazu passt eingelegter Sanddorn (wie die Vogelbeermarmelade auf Seite 235 zubereiten. Achtung: Sanddorn muss vor der Verarbeitung einmal gefroren sein – das heißt, er sollte erst spät im Jahr geerntet werden).

Hirschragout mit Schwarzbeeren und Safransterz

Zutaten für 6 Portionen
Zubereitungsdauer ca. 2 Stunden

2 kg Hirschschulter
Salz, Pfeffer
200 g Karotten
200 g Knollensellerie
200 g Schalotten
ca. 1 cm frischer Ingwer
3 EL Butterschmalz
300 g Schwarzbeeren
2 l Rotwein
½ l Ribisellikör (Cassis)
ca. 2 EL Kräuterlikör
(z.B. Averna)
1 Scheibe Speck (ca. 2 mm dick)
8 Wacholderbeeren
2 TL Kakaopulver
3 Knoblauchzehen
1 EL Zucker
1 TL Gebirgswermut (getrocknet)
4 EL Preiselbeermarmelade
1 großer Mokka
1 EL Maisstärkemehl

Für den Sterz

ca. 10 Fäden Safran
1 kleine Zwiebel
ca. 3 EL Butter
200 g Sterzmehl *(siehe Anmerkung Seite 63)*
200 ml Milch
200 g Schlagobers
Salz

Zum Garnieren

1 Tasse Schwarzbeeren
1 Schuss Ribisellikör (Cassis)
Kräuter (z.B. Oregano, Minze oder Zitronenmelisse)

1 Fleisch putzen, Haut und Sehnen wegschneiden. Fleisch in walnussgroße Würfel schneiden, mit Salz und Pfeffer würzen. Karotten, Sellerie und Schalotten schälen und in Würfel schneiden. Ingwer schälen und in dicke Scheiben schneiden.

2 In einem großen Topf Butterschmalz erhitzen und das Fleisch darin rundherum anbraten. Schwarzbeeren, Gemüse und Ingwer dazugeben. Wein, Ribisel- und Kräuterlikör zugießen. Speck, Wacholderbeeren, Kakao, gepressten Knoblauch, Zucker und Gebirgswermut einrühren. Ragout bei zugedecktem Topf etwa 1 Stunde 10 Minuten köcheln.

3 Kurz vor Ende der Garzeit Marmelade und Mokka einrühren. Maisstärkemehl in Wasser anrühren, so viel davon in das Ragout einkochen, dass eine leichte Bindung entsteht. Ragout mit Salz und Pfeffer abschmecken.

4 Für den Sterz Safranfäden in ein wenig Wasser legen. Zwiebel schälen, hacken und in 2 EL Butter in einem Topf anschwitzen. Sterzmehl einrühren, mit Milch, Obers und 400 ml Wasser aufgießen. Safran und Salz einrühren. Sterz bei schwacher Hitze zugedeckt etwa 10 Minuten leicht köcheln, dabei ab und zu umrühren. Sterz in eine gebutterte Form füllen, glatt streichen und auskühlen lassen.

5 Sterz aus der Form lösen und in Würfel oder Rechtecke schneiden. Diese auf Backpapier legen und im Backofen erwärmen.

6 Für die Garnitur Schwarzbeeren mit Likör aufkochen. Ragout mit Sterz als Beilage und mit Schwarzbeeren sowie Kräutern als Garnitur servieren.

Rehschnitzel
MIT ERDÄPFELNIDEI UND SCHWARZEN NÜSSEN

Zutaten für 6 Portionen
Zubereitungsdauer ca. 1 Stunde

6 Rehschnitzel (vom Schlegel,
à 150 g)
Salz
Pfeffer
Mehl
Butterschmalz zum Braten
3 Wacholderbeeren
1 Schuss Weinbrand/Cognac
1 EL Hagebuttenmarmelade
oder Apfelmus
125 g Schlagobers

Für die Nidei
400 g mehligkochende Erdäpfel
Salz
ca. 100 g griffiges Mehl
1 Ei
Muskatnuss
3 EL Butterschmalz

Für die schwarzen Nüsse
siehe Seite 234

1 Für die Nidei die Erdäpfel in gesalzenem Wasser kochen, noch warm schälen und durch die Presse drücken. Mehl, Ei, je 1 gute Prise geriebene Muskatnuss und Salz dazugeben und alles zu einem flaumigen Teig kneten, die Konsistenz durch die Zugabe von mehr oder weniger Mehl einstellen.

2 Eine Arbeitsfläche mit griffigem Mehl reichlich bestreuen. Teig in Stücke schneiden und zu daumendicken, langen Rollen formen.

3 In einer großen beschichteten Pfanne Butterschmalz erhitzen. Von den Teigrollen am besten mit einer Teigkarte 1 bis 2 cm dicke Stücke abtrennen und sofort in die Pfanne geben. Nidei im heißen Schmalz bei halb zugedeckter Pfanne und mittlerer Hitze einige Minuten braten. Nidei wenden und auch auf der zweiten Seite ein paar Minuten goldbraun braten.

4 Fleisch leicht klopfen, mit Salz und Pfeffer würzen, auf einer Seite in Mehl drücken und mit dieser Seite nach unten in eine Pfanne mit heißem Butterschmalz legen. Ein paar Minuten bei schwacher Hitze braten, wenden und weiterbraten; die Schnitzel sind ausreichend gegart, wenn sie nur noch im Kern rosa sind.

5 Schnitzel aus der Pfanne heben. Etwas Mehl und zerdrückte Wacholderbeeren einrühren und leicht anschwitzen. Mit Weinbrand ablöschen, Marmelade oder Apfelmus sowie Obers einrühren und ein paar Minuten köcheln. Sauce mit Salz und Pfeffer abschmecken.

6 Rehschnitzel in die Sauce legen und kurz darin erwärmen. Schnitzel und Nidei auf Teller geben. Die schwarzen Nüsse in dicke Scheiben schneiden und dazulegen, die Sauce zu den Schnitzeln gießen.

Rehleber MIT STEINPILZEN UND BREITEN BOHNEN

Zutaten für 6 Portionen
Zubereitungsdauer ca. 45 Minuten

600 g Rehleber (auch Kalbs-
oder Kitzleber)

400 g breite Bohnen

Salz

150 ml Geflügel- oder
Gemüsefond

ca. 1 TL Maisstärkemehl

3 Steinpilze

1 Knoblauchzehe

4 EL Butter

Pfeffer

fein geschnittenes Bohnenkraut

Bohnenkraut zum Garnieren

1 gute Prise Schabzigerklee *(siehe
Kasten unten)*

1 Leber putzen, Haut abziehen, blutige Stellen ausschneiden. Leber in dünne Scheiben schneiden.

2 Bohnen waschen, putzen und in gut gesalzenem Wasser bissfest kochen. Die Bohnen aus dem Wasser heben und sofort eiskalt abschrecken.

3 Geflügel- oder Gemüsefond aufkochen. Maisstärkemehl mit wenig Wasser verrühren. So viel davon in den Fond einkochen, dass er eine leichte Bindung erhält.

4 Pilze putzen und in Scheiben schneiden. Knoblauch schälen und in feine Scheiben schneiden. In einer großen Pfanne 2 EL Butter bis zum Aufschäumen erhitzen, Knoblauch und Pilze darin anschwitzen. Bohnen dazugeben, mit dem Fond aufgießen, mit Salz und Pfeffer würzen und fein geschnittenes Bohnenkraut dazugeben. Pfanne vom Herd nehmen und die Pilz-Bohnen-Mischung im Fond ziehen lassen.

5 In einer großen Pfanne 1 Schuss Wasser und 2 EL Butter erhitzen. Leber einlegen, mit Schabzigerklee bestreuen und bei schwacher Hitze 1 Minute ziehen lassen. Leber wenden und nochmals kurz ziehen lassen. Mit Salz und Pfeffer würzen.

6 Bohnen-Pilz-Mischung auf Teller geben, Leber gefällig darauf platzieren. Mit dem Saft vom Garen der Leber überziehen und mit Bohnenkraut garnieren.

Geschmack aus der Natur

SCHABZIGERKLEE oder **STEINKLEE** ist ein besonders rassiges Würzmittel aus dem Alpengarten. Die Blätter werden in getrocknetem Zustand verwendet und erinnern im Geschmack entfernt an Liebstöckel. Der Schabzigerklee wird zur Herstellung einer Käsespezialität verwendet – nämlich des »Schabzigers« –, eignet sich aber auch hervorragend für das Würzen von Eiergerichten und herzhaften Ragouts. Überall, wo Liebstöckel passt, kann Schabzigerklee für eine noch originellere Aromanote sorgen.

Hasenrücken MIT PRESELBEER-RISOTTO UND KLEINEM MOKKA

Zutaten für 6 Portionen
Zubereitungsdauer ca. 1 Stunde plus 1 Tag Marinierzeit

800 g Hasenrückenfilets
5 Wacholderbeeren
ca. 1 EL schwarze Pfefferkörner
abgeriebene Schale von
1 unbehandelten Zitrone
Oregano (getrocknet)
ca. 3 EL Walnussöl
4 EL Butterschmalz
ca. 2 EL Mokka
kalte Butter
Selleriesalz *(siehe Seite 230)*

Für den Risotto
200 g Rona
200 g Äpfel
200 g Preiselbeeren
1 kleine Knolle Sellerie
Salz
2 Schalotten
1 kleine Knoblauchzehe
1 EL Butter
220 g Risottoreis
ca. 100 g geriebener Hartkäse

1 Fleisch putzen, Sehnen und Haut wegschneiden beziehungsweise abziehen. Fleisch in 3 cm dicke Medaillons schneiden.

2 Wacholderbeeren zerdrücken, Pfeffer im Mörser zerreiben oder mit der flachen Klinge eines Messers zerdrücken. Wacholder und Pfeffer mit Zitronenschale, 1 Prise Oregano und Walnussöl vermischen. Fleisch darin wenden, in ein verschließbares Gefäß geben und 24 Stunden marinieren.

3 Für die Zubereitung des Risottos Rüben bürsten und gut waschen. Äpfel waschen. Rüben und Äpfel klein schneiden und mit den Preiselbeeren in einem Dämpfer warm entsaften.

4 Weiters einen Selleriefond zubereiten: Sellerie gut waschen und klein schneiden. In einen Topf geben, so viel Wasser zugießen, dass der Sellerie gut bedeckt ist, leicht salzen und den Sellerie etwa 15 Minuten köcheln. Sellerie vom Herd nehmen und im zugedeckten Topf ziehen lassen, bis die Flüssigkeit abgekühlt ist. Fond durch ein Sieb gießen.

5 Schalotten und Knoblauch schälen, hacken und in Butter anschwitzen. Reis dazugeben und glasig anschwitzen. Mit ein wenig Selleriefond aufgießen. Risotto bei schwacher Hitze unter mehrmaligem Umrühren und kontinuierlicher Zugabe von Selleriefond köcheln, bis der Reis nur noch bissfest ist. Ein paar Minuten vor Ende der Garzeit geriebenen Käse und 1 kräftigen Schuss Preiselbeersaft einrühren.

6 In einer Pfanne das Butterschmalz erhitzen, Fleisch darin kräftig anbraten, wenden und 1 weitere Minute braten. Den Deckel auf die Pfanne legen, die Pfanne vom Herd nehmen und die Medaillons ein paar Minuten ziehen lassen.

7 Die Medaillons auf oder zusammen mit dem Risotto anrichten. Mokka in die Pfanne mit dem Bratensaft gießen, kräftig einkochen und durch Einrühren von etwas kalter Butter binden. Fleisch mit Sauce überziehen (die Sauce zuvor eventuell durch ein Sieb gießen) und mit Selleriesalz würzen. Dazu passen kandierte Grapefruits, wie auf Seite 234 beschrieben.

Festtagsgerichte für alle unsere Lieben

*Familiensinn der traditionellen Art
zeigt sich in der Küche. Sonntags kommen
alle an den Tisch zu Glücksgefühlen in
drei Gängen.*

Immer wieder ein Genuss: Beim Sonntagsschmaus zählen nicht Abwechslung und Kreativität, denn der Braten soll so sein, wie er schon immer war. Am rechten Bild sitzt man in Goldegg beisammen, im Restaurant Hecht, mit dem Familie Schellhorn die heimelige Atmosphäre der guten alten Zeiten in die Gegenwart gerettet hat.

Gelebte Nostalgie: Von den Familienfesten der Vergangenheit bleiben Bilder und kulinarische Erinnerungen. Mit dem Film »The Sound of Music« (Szenenfoto rechts unten) verbreitete sich das Bild vom Werfener Landidyll rund um die Welt. Auf der vorigen Seite ist zu sehen, dass im Salzburger Land nicht nur die kulinarischen Traditionen lebendig gehalten werden.

Das Zwölfe-Läuten hat am Sonntag einen besonderen Klang und schwerwiegende Bedeutung. Mit dem ersten Glockenschlag trinken die Männer rasch ihr Bier aus, lösen die Wirtshaustischgesellschaft auf und gehen eiligen Schritts nach Hause. Die Kinder schauen, dass sie schnell ins gute G'wand kommen, und die Frauen sind am Sonntag um zwölf ganz außerordentlich streng und ungeduldig. Denn um zwölf wird gegessen. Nicht etwa um Viertel über.

Die Zeiten ändern sich, und die Bräuche ändern sich mit den Zeiten. Nicht mehr in allen Fa-

milien sind die Sonntage wie damals, doch immerhin noch in vielen. Zumindest auf dem Lande. Der Sonntag steht für diese Familien nicht nur im Rang eines kirchlichen Feiertags, sondern auch eines kulinarischen. Da wird zumeist ein großer Braten in den Ofen geschoben, Suppe gibt es vor dem Hauptgericht, Kuchen oder eine Mehlspeis' danach, und an besonderen Sonntagen – wenn etwa ein Geburtstag zu feiern ist, zu Ostern, in der Weihnachtszeit … – vielleicht auch eine Torte. Der Tisch wird schön gedeckt, die Mädchen putzen sich heraus, und die Buben müssen, ob sie es wollen oder nicht, in den Sonntagsanzug. Für

Hausfrauen sind diese Sonntage die gute Gelegenheit, die Mutterrolle in vollkommener Art auszufüllen: als Nährmutter, die die Ihren an einem Tisch versammelt, Geborgenheit und Glücksgefühl vermittelt.

FAMILIENSINN KULINARISCH

Unbeschwerlich ist eine solche Hausfrauenrolle nicht, denn die kulinarischen Sonntags- und Feiertagsklassiker zählen durchwegs zu den arbeitsaufwendigen Gerichten. Da müssen Kalbsbrust oder Hühner gefüllt, Nierenbraten gerollt oder Schweinsbraten geschröpft werden. Für die Suppeneinlage gilt es, Kaiserschöberl, Milzschnitten oder Frittaten zu backen, Grießnockerln oder Leberknödel zu machen. Für die Nachspeis' sind Cremen anzusetzen oder Buchteln, Apfelringe und Schmarren zu backen, Pudding zu kochen oder gar eine Malakoff-Torte zu backen – all das erfordert gehörig Tatkraft, wenn es zum größten Teil an einem Vormittag geschafft werden soll. Wer in der Küche keine Aufgabe hat, stört die Wirkungskreise derart kochender Mütter besser nicht.

Wo sich Traditionen gut erhalten, leben auch kulinarische Gepflogenheiten fort. Werfen im Salzburger Land ist ein solcher Ort von bewahrter Genusskultur, und den Brüdern Obauer ist der »Sonntag wie damals« auch heute noch das Ideal von gelebtem Familiensinn.

WELTBERÜHMT DURCH HÖHLE, BURG UND FILMERFOLGE

Vor dreißig oder vierzig Jahren – als die später von einer begeisterten Gourmetkritikerschar sogenannten »Obauer-Buam« noch richtige Buben waren – gestaltete es sich in Werfen mitunter schwierig, den Familiensinn über die wirtschaftlichen Notwendigkeiten zu stellen. Dank zweier großer Sehenswürdigkeiten und einiger glücklicher Fügungen war Werfen zu einer großen »Fremdenverkehrs«-Destination geworden. Die »Fremden« – heute Gäste, allenfalls Touristen – kamen zu bestimmten Jahreszeiten in Scharen. Sie besuchten Werfen vor allem wegen der Eisriesenwelt, die als größte Eishöhle der Welt gilt, und die Burg Hohenwerfen, die mit einer neunhundert-

jährigen Geschichte aufwarten kann und zu den spektakulärsten Wehranlagen Österreichs zählt.

Die glücklichen Fügungen waren medialer Natur. Rund ums Jahr 1970 kamen in rascher Folge drei Filme in die Kinos, die sich zu wahren Kassenhits entwickelten und zu großen Teilen in und um Werfen gedreht worden waren: »The Sound of Music« mit der entzückenden Julie Andrews (gedreht 1965), »Agenten sterben einsam« mit Richard Burton und Clint Eastwood (1968) und »Kinderarzt Dr. Fröhlich« mit Roy Black und einem ganzen Geschwader weiterer deutscher Schlagerstars (1972). Schon die Dreharbeiten sorgten für einen Ausnahmezustand in dem kleinen Pongauer Ort, aber auch für manch unvergessliches Erlebnis – der Obauer-Vater beispielsweise hat ein Busserl von der Liz Taylor gekriegt, und so was passiert einem einfachen Metzgermeister ja doch nicht alle Tage.

Spektakuläre Zeiten waren das damals. Den Sommer lang bestimmten die Gäste den Tageslauf, doch danach wurde es wieder ruhig im Ort. »Mitte August sind der letzte Wiener und der letzte Deutsche nach Haus' gefahren«, erinnert sich Rudi Obauer, »danach hat sich bis zur Wintersaison kein Tourist mehr nach Werfen verirrt.« Was die Gäste suchten, wäre dann in unverfälschter Art zu finden gewesen: das beschauliche Landleben. So ruhig war es in Werfen, dass die Kinder ihre Schlittenbahnen unbedenklich quer über die Hauptstraße des Ortes legen konnten.

SONNTAGSGERICHTE WIE DAMALS

Dass Werfen für Genusskulturreisende längst zu einer Ganzjahresdestination geworden ist, hängt maßgeblich mit der obauerschen Küche zusammen. Neben der Eisriesenwelt und Burg Hohenwerfen ist sie eine der größten Attraktionen im Salzachtal. Den »Sonntag wie damals« können Obauers Gäste wohl nicht erleben, denn der ist untrennbar mit dem eigenen Herd und den eigenen Erinnerungen verbunden. Sonntagsgerichte wie damals gibt es bei den Obauers allerdings mit schöner Regelmäßigkeit: Denn Gerichte mit Geschichte verlieren nicht an Wert und passen auch in die anspruchsvollste Küche.

Kalbsvögerl MIT ERDÄPFELKNÖDELN

Zutaten für 6 Portionen
Zubereitungsdauer ca. 1½ Stunden

1 kg Kalbsvögerl
200 g Zwiebeln
200 g Knollensellerie
1 kleine Chilischote
Salz
¼ l trockener Wermut
250 g Schlagobers
2 EL Mascarpone
4 EL kalte Butter
evtl. ca. 1 TL Maisstärkemehl
abgeriebene Schale von
2 unbehandelten Zitronen
weißer Pfeffer
Estragon und/oder Minze zum
Garnieren

Für die Knödel
1 kg mehligkochende Erdäpfel
50 g Butter
ca. 360 g glattes Mehl
2 Eier
Salz
Muskatnuss

1 Fleisch in walnussgroße Stücke schneiden. Zwiebeln schälen und hacken. Sellerie schälen und in Würfel schneiden.

2 Fleisch, Zwiebeln, Sellerie und Chilischote in einen Topf geben, salzen und mit Wermut untergießen. Bei schwacher Hitze im halb zugedeckten Topf etwa 1 Stunde köcheln, bis das Fleisch weich ist.

3 Für die Knödel Erdäpfel waschen, in der Schale kochen, schälen und noch warm durch die Erdäpfelpresse drücken. Butter schmelzen. Erdäpfelmasse, Butter, Mehl, Eier, Salz und geriebene Muskatnuss zu einem formbaren Teig kneten; die Festigkeit des Teigs durch die Zugabe von mehr oder weniger Mehl einstellen.

4 Teig zu einer Rolle von etwa 5 cm Durchmesser formen, in Stücke schneiden und zu kleinen Knödeln formen. Knödel in gut gesalzenes siedendes Wasser legen und knapp unter dem Siedepunkt in etwa 8 Minuten gar ziehen lassen.

5 Fleisch aus dem Saft heben. Obers und Mascarpone in den Saft das Ragouts rühren und etwa 10 Minuten köcheln. Kalte Butter in den Saft rühren. Falls der Saft zu wenig Bindung hat, ein wenig Maisstärkemehl in kaltem Wasser anrühren und so viel vom Stärkemehl in den Saft einkochen, dass die Sauce leicht bindet.

6 Sauce mit Fleisch verrühren und alles erhitzen. Zitronenschale einrühren, Ragout mit Salz und Pfeffer abschmecken und mit den Kräutern bestreuen. Mit Erdäpfelknödeln servieren.

Truthahn MIT BREZENFÜLLE UND GEWÜRZHONIG

Zutaten für 12 Portionen
Zubereitungsdauer ca. 5 Stunden

1 Truthahn (ca. 4 kg,
küchenfertig)
2 Brezen
100 g Rosinen
körniger Senf
150 g Sauerkraut
8 Scheiben Milchbrot
Butter für die Form und
zum Bestreichen
4 Zwiebeln
etwas kalte Butter
¾ l Madeira
Salz
Pfeffer
evtl. Essig
Küchengarn

Für den Gewürzhonig
30 g Ingwer
2 Knoblauchzehen
1 EL schwarze Pfefferkörner
abgeriebene Schale von je 5 unbehandelten Orangen und Zitronen
1 EL gehackter Rosmarin
400 g Waldhonig
4 EL Hollersirup
½ EL Kümmel (ganz)
1 EL Ketchup

1 Für den Gewürzhonig Ingwer schälen und grob reiben. Knoblauch pressen. Pfeffer im Mörser zerreiben oder mit der flachen
Messerklinge zerdrücken. Alles mit den restlichen Zutaten in
einem Topf kurz aufkochen.

2 Truthahn waschen, am Rücken einschneiden, Fleisch von den
Knochen schneiden, Flügel- und Keulenknochen in den Gelenken
vom Rumpf trennen. Auch die Oberkeulenknochen auslösen, die
Enden der Flügel wegschneiden. Backofen auf 200 °C vorheizen.

3 Brezen in Würfel schneiden. Rosinen waschen. Truthahn auf
dem Rücken ausbreiten, mit körnigem Senf bestreichen und mit
Sauerkraut belegen. Darauf Milchbrot, Brezenwürfel und Rosinen
geben. Fleisch über die Fülle schlagen und mit Küchengarn vernähen. Einen Bräter mit Butter ausstreichen, Truthahn in den
Bräter setzen und großzügig mit Butter einstreichen.

4 Zwiebeln waschen, ungeschält vierteln und zum Truthahn legen.
Madeira zugießen und den Truthahn in den Ofen schieben.
Nach 1 Stunde mit Gewürzhonig bestreichen und die Temperatur
auf 180 °C reduzieren. Die gesamte Garzeit des Truthahns beträgt etwa 3 Stunden. Zur Garprobe an der dicksten Stelle der
Oberkeule einstechen – erst wenn sich das Fleisch an dieser Stelle
leicht einstechen lässt, ist der Truthahn ausreichend gegart.
Dann die Hitze auf 80 °C reduzieren und den Truthahn noch
mindestens 30 Minuten temperiert ruhen lassen.

5 Truthahn auf ein Brett heben und warm stellen. Saft im Bräter
aufkochen, so viel kalte Butter einrühren, dass sich eine leicht
sämige Konsistenz ergibt. Die Sauce mit Salz und Pfeffer abschmecken, eventuell ein paar Spritzer Essig einrühren. Das
Küchengarn aus dem Truthahn ziehen. Truthahn der Länge nach
halbieren und in Scheiben schneiden. Mit Zwiebeln auf Teller
geben und mit Sauce überziehen. Dazu passt Chinakohlsalat.

Gewürzhonig: *Dieser eignet sich auch als Würzmittel und Beilage für
oder zu Spargel, Leber und Pasteten.*

Truthahn mit Brezenfülle und Gewürzhonig
(Rezept auf Seite 173)

Hendlgeschnetzeltes MIT KUKURUZ UND SALATCREME

Zutaten für 6 Portionen
Zubereitungsdauer ca. 30 Minuten

6 Hühnerbrüste (ausgelöst und ohne Haut)
Erdnussöl
2 gestr. TL Currypulver
1 TL Honig
weißer Balsamessig
Korianderkapseln
etwas gehackter Rosmarin
Salz
2 EL Butter
36 kleine Kolben Kukuruz
ca. 80 ml Apfelsaft
250 g Schlagobers
Pfeffer
ca. 6 kleine Scheiben Weißbrot
evtl. Kräuter zum Garnieren
(z.B. Rosmarin)

Für die Salatcreme
6 große äußere grüne Salatblätter
(z.B. Kopfsalat)
1 unbehandelte Zitrone
2 EL grob geschnittener Schnittlauch
1 EL Estragonblätter
ca. 3 EL Olivenöl
2 EL Topfen (20% F. i. Tr.)
1 EL Sauerrahm
Salz, weißer Pfeffer

1 Für die Salatcreme Salatblätter waschen und trocken schleudern. Zitrone waschen und abtrocknen, die Schale abreiben und den Saft auspressen. Salatblätter mit Schnittlauch, Estragon, Olivenöl, Topfen, Rahm und Zitronenschale zu einer Paste mixen. Mit Salz, Pfeffer und Zitronensaft abschmecken.

2 Hühnerfleisch waschen und abtrocknen. In etwa 1 cm dicke Scheiben schneiden und mit Erdnussöl, Currypulver, Honig, 1 bis 2 Spritzern Essig, 1 Prise gemahlenem Koriander, ein wenig gehacktem Rosmarin und Salz vermischen. Hühnerfleisch in dieser Marinade wenden und 15 Minuten ziehen lassen.

3 In einen Topf etwa 5 mm hoch Wasser gießen, Butter dazugeben und erhitzen. Kukuruz waschen, einlegen, in wenigen Minuten bissfest dünsten und leicht salzen.

4 In einer großen Pfanne etwa 2 EL Erdnussöl erhitzen, Hühnerfleisch einlegen und unter mehrfachem Wenden rundum leicht braun braten – das Fleisch sollte innen saftig bleiben; nur so viel Fleisch in die Pfanne geben, dass die Stücke nebeneinander Platz haben. Fleisch aus der Pfanne heben und mit den Kukuruzkolben in eine Schüssel geben.

5 Etwa 80 ml Fond vom Dünsten der Kukuruzkolben mit Apfelsaft und dem Obers kochen, bis die Sauce sämig ist. Sauce mit Salz und Pfeffer abschmecken und über Fleisch und Kukuruzkolben gießen. Das Hendlgeschnetzelte am besten in der Pfanne oder in einer Schüssel zu Tisch bringen.

6 Je 1 Klecks Salatcreme auf 1 Scheibe getoastetes Weißbrot häufeln, eventuell mit Kräutern bestreuen und als Beilage zum Geschnetzelten servieren.

Lammstelzen MIT BRATERDÄPFELN UND RÖHRLSALAT

Zutaten für 6 Portionen
Zubereitungsdauer ca. 1 Stunde

10 Schalotten
6 hintere Lammstelzen
3 Knoblauchzehen
Salz, Pfeffer (grob gerieben)
Olivenöl zum Einreiben
evtl. 1–2 Zweige Ysop und/oder
Thymian *(siehe Kasten unten)*
¼ l Weißwein (am besten Grüner
Veltliner oder Neuburger)
120 ml Hollerlikör
1 kg kleine festkochende Erdäpfel
ca. 1 TL Maisstärkemehl
ca. 2 EL gehackte Kräuter
(z.B. Petersilie, Minze, Koriander,
Salbei, Rosmarin, Liebstöckel)

Für den Salat
3 Handvoll Löwenzahn *(siehe
Kasten Seite 143)*
12 kleine Radieschen, Salz
ca. 2 EL Essiggurkenmarinade
Zucker, Tabasco
⅛ l Buttermilch
Kürbiskernöl zum Beträufeln

1 Backofen auf 220 °C vorheizen. Schalotten schälen. Stelzen mit Schalotten und ungeschälten Knoblauchzehen in eine ofenfeste Pfanne oder einen Bräter geben. Mit Salz, Pfeffer und Olivenöl gut einreiben, eventuell auch Ysop und/oder Thymian in die Pfanne geben. Stelzen im Ofen etwa 30 Minuten braten. Wein und Likör zugießen, Temperatur auf 200 °C reduzieren. Stelzen unter öfterem Wenden und Übergießen mit dem Saft 2 bis 3 Stunden schmoren. Während der zweiten Hälfte der Garzeit die Pfanne oder den Bräter zur Hälfte abdecken. Die Stelzen sind fertig, wenn sich die Knochen leicht aus dem Fleisch lösen lassen.

2 Erdäpfel sehr gut waschen. Größere Erdäpfel in Stücke schneiden. Erdäpfel etwa 30 Minuten vor Garzeitende zu den Stelzen geben.

3 Saft der Stelzen durch ein Sieb in einen Topf abgießen. Etwas Stärkemehl mit kaltem Wasser anrühren und den Saft damit leicht binden. Kräuter einrühren und den Saft mit Salz und Pfeffer abschmecken.

4 Für den Salat Löwenzahn putzen, kalt waschen und gut abtropfen lassen. Radieschen putzen, waschen, in feine Scheiben schneiden und salzen. Radieschen mit Essiggurkenmarinade, 1 Prise Zucker, 1 Spritzer Tabasco und Buttermilch vermischen. Löwenzahn unterheben. Salat in Schüsseln geben und jeweils mit ein wenig Kürbiskernöl beträufeln.

5 Fleisch von den Knochen der Stelzen lösen und mit den Erdäpfeln auf Teller geben. Sauce über das Fleisch gießen. Mit Röhrlsalat servieren und eventuell mit Kräutern dekorieren.

Geschmack aus der Natur

YSOP ist unter zahlreichen anderen Namen bekannt, von denen »Bienenkraut« ein besonders sympathischer ist. Er wächst auf steinigen Halden und bevorzugt kalkhaltigen Boden. Für die aromakräftige Küche macht ihn sein würzig-bitterer Geschmack interessant, der beispielsweise auch dem berühmten französischen Kräuterlikör Chartreuse Charakter verleiht.

Gebackenes Kaninchen mit Rahmfisolen
(Rezept auf Seite 182)

Gebackenes Kaninchen MIT RAHMFISOLEN

Zutaten für 6 Portionen
Zubereitungsdauer ca. 1½ Stunden

3 Zwiebeln
6 Kaninchenkeulen
ein paar Wacholderbeeren
1 TL Senfkörner
1 Lorbeerblatt
Salz
Buttermilch zum Panieren
Mehl zum Panieren
3 Eier zum Panieren
Semmelbrösel zum Panieren
Butterschmalz oder Pflanzenöl
zum Ausbacken
frittierte Petersilien- und/oder
Salbeiblätter zum Garnieren
Zitronenmarmelade zum
Servieren

Für die Rahmfisolen
400 g Fisolen
Salz
2 Knoblauchzehen
1 EL Butter
60 g QimiQ
2 EL Senf
Pfeffer
gehacktes Jungzwiebelgrün,
Radieschenscheiben und/oder
Kresse zum Garnieren

1 Zwiebeln schälen und quer durchschneiden. Kaninchenkeulen und Zwiebeln in reichlich kaltem Wasser aufsetzen. Ein paar Wacholderbeeren, Senfkörner, Lorbeerblatt und Salz dazugeben und die Keulen etwa 45 Minuten zugedeckt köcheln; die Keulen sind ausreichend gegart, sobald sich die Knochen aus dem Fleisch ziehen lassen. Keulen im Fond abkühlen lassen.

2 Inzwischen die Fisolen waschen, putzen und in gut gesalzenem Wasser bissfest kochen. Fisolen aus dem Wasser heben und eiskalt abschrecken. Kochwasser beiseitestellen.

3 Knoblauch schälen und fein hacken. Butter mit Knoblauch erhitzen, QimiQ und Senf einrühren. So viel Fond vom Kochen der Fisolen einrühren, dass sich eine sämige Konsistenz ergibt. Sauce mit Salz und Pfeffer abschmecken und Fisolen damit übergießen. Mit Jungzwiebelgrün, Radieschen und/oder Kresse bestreuen.

4 Fleisch von den Knochen lösen. Fleisch jeder Keule in 4 bis 6 Stücke teilen, in Buttermilch wenden, in Mehl, verquirltem Ei und Semmelbröseln panieren. Zwiebeln trocken tupfen und ebenfalls panieren. Lose anhaftende Brösel vom panierten Fleisch und den Zwiebeln abschütteln.

5 In einer geräumigen Pfanne Butterschmalz oder Öl erhitzen. Fleisch und Zwiebeln im Backfett schwimmend goldbraun backen *(siehe Anmerkung unten)*. Kaninchen und Zwiebeln aus dem Backfett heben und auf Küchenkrepp abtropfen lassen.

6 Gebackenes Kaninchen mit gebackenen Zwiebeln und Fisolensalat anrichten. Als Dekoration passen frittierte Petersilien- und/oder Salbeiblätter, als weitere Beilage die in diesem Fall fast unentbehrliche Zitronenmarmelade.

Richtig ausbacken: *Beim Ausbacken von Frittiertem sollte das Fett gerade so heiß sein, dass es beim Einlegen der Stücke leicht zischelt. Während des Backens die Stücke einmal wenden und mehrmals mit Fett überschöpfen beziehungsweise die Pfanne schwenken, sodass das heiße Fett immer wieder auch über die Oberseite von Fleisch und Zwiebeln schwappt. Mit dieser Methode – die vor allem auch auf Wiener Schnitzel anzuwenden ist – erhält man eine soufflierende (das heißt aufgehende) Panier: Zeichen von wahrer Könnerschaft der Köchin beziehungsweise des Kochs.*

Bild auf den Seiten 180/181

Kräuterkalbsfilet

MIT MELANZANIBLÄTTERN UND JOGHURTSAUCE

Zutaten für 6 Portionen
Zubereitungsdauer ca. 45 Minuten

900 g Kalbsfilet
4 EL fein geschnittene Kräuter
(z.B. Rosmarin, Minze,
Basilikum)
Olivenöl zum Beträufeln
Kräuter zum Garnieren
(z.B. Sauerampfer, Kresse, Kerbel)

Für die Melanzaniblätter

2 mittelgroße Melanzani
Salz
2 Paradeiser
1 kleine Zwiebel
2 Knoblauchzehen
60 g schwarze Oliven
200 g Naturjoghurt
ca. 2 EL Olivenöl
2 TL Honig
weißer Balsamessig
Majoran (getrocknet)
Pfeffer, grobes Meersalz

Für die Sauce

ca. 2 EL Walnussöl
1 Knoblauchzehe
120 g Schlagobers
abgeriebene Schale von
1 unbehandelten Zitrone
1 TL fein gehackter Ingwer
250 g Naturjoghurt
50 g QimiQ
60 ml Weißwein
1 Spritzer Weißweinessig
Currypulver, Kurkuma
Salz, Pfeffer

1 Für die Sauce Walnussöl mit gepresstem Knoblauch und Obers in einem Topf erhitzen. Mit den restlichen Saucenzutaten glatt verrühren und vom Herd ziehen.

2 Für die Melanzaniblätter die Melanzani mit Salz abreiben und die Stängelansätze wegschneiden. Melanzani der Länge nach halbieren und 24 dünne, möglichst große Scheiben der Länge nach aus den Melanzani schneiden. Melanzanischeiben in einer beschichteten Pfanne ohne Zugabe von Fett auf beiden Seiten leicht braun braten.

3 Rest der Melanzani in kleine Würfel schneiden. Paradeiser waschen und ebenfalls in kleine Würfel schneiden. Zwiebel und Knoblauch schälen und fein schneiden. Oliven entkernen und hacken. Die genannten Zutaten mit Joghurt, etwa 1 EL Olivenöl, Honig, 1 Spritzer Essig und 1 Prise getrocknetem Majoran in einen Topf geben und kochen, bis die Melanzani ganz weich sind. Mit Salz und Pfeffer abschmecken.

4 Backofen auf 200 °C vorheizen. Die Hälfte der Melanzani-scheiben mit der Melanzani-Joghurt-Masse bestreichen und mit den restlichen Melanzanischeiben abdecken. Die gefüllten Blätter auf ein Backblech legen, mit ein wenig Olivenöl beträufeln, mit grobem Meersalz bestreuen und im Ofen etwa 8 Minuten garen.

5 Für das Kalbsfilet das Fleisch in den Kräutern wälzen, auf Frisch-haltefolie legen, mit ein wenig Olivenöl beträufeln und in die Folie einrollen. Über Dampf garen – je nach Durchmesser des Filets 10 bis 15 Minuten; das Fleisch sollte eine Kerntemperatur von knapp 70 °C erreichen, mit einem Bratenthermometer prüfen.

6 Fleisch aus der Frischhaltefolie wickeln und in 12 Medaillons schneiden. Die Sauce auf Teller geben und das Fleisch in die Sauce setzen, Melanzaniblätter gefällig darauflegen und eventuell mit Kräutern bestreuen.

Kalbsnierenbraten MIT ERDÄPFEL-TOPINAMBUR-TORTE

Zutaten für 6 Portionen
Zubereitungsdauer ca. 1½ Stunden

1 Kalbsniere (ca. 300 g)
800 g Kalbsrücken
1 EL gehackter Rosmarin
Salz
Pfeffer
ca. 3 EL Erdnussöl
Hühnersuppe oder Kalbsfond
etwas Butter
Muskatnuss
Küchengarn

Für die Torte
450 g festkochende Erdäpfel
200 g Topinambur
1 TL gehackter Rosmarin
Salz
Pfeffer
2 EL Butterschmalz

1   Backofen auf 220 °C vorheizen. Niere putzen: Fett wegschneiden, Nieren der Länge nach durchschneiden, alle Stränge ausschneiden. Niere in 4 längliche Stücke schneiden.

2   Kalbsrücken mit der Außenseite nach unten auflegen und der Länge nach einschneiden. Nierenstücke auf das Fleisch legen und mit Rosmarin bestreuen. Nierenstücke in das Fleisch einschlagen, Fleisch zu einer Rolle formen, mit Küchengarn binden, salzen und pfeffern.

3   In einem Schmortopf Öl erhitzen. Fleisch rundherum anbraten, so viel Suppe oder Fond zugießen, dass die Flüssigkeit etwa 1 cm hoch im Topf steht. Braten im Ofen braun schmoren, dabei den Topf zu etwa zwei Drittel zudecken. Sobald der Braten Farbe angenommen hat, Hitze auf 200 °C reduzieren. Das Fleisch während der restlichen Garzeit immer wieder mit Saft übergießen; die gesamte Garzeit beträgt etwa 40 Minuten – die Kerntemperatur des Bratens sollte 55 °C betragen, mit einem Bratenthermometer prüfen. Den fertig gegarten Braten im halb zugedeckten Schmortopf noch etwa 20 Minuten ziehen lassen.

4   Inzwischen für die Torte Erdäpfel schälen und grob reiben. Topinambur waschen, gründlich bürsten und ebenfalls grob reiben. Erdäpfel, Topinambur, Rosmarin, Salz und Pfeffer vermischen und 20 Minuten ruhen lassen. Masse gut ausdrücken.

5   In einer beschichteten ofenfesten Pfanne Butterschmalz erhitzen, die Erdäpfelmasse einlegen und unter Wenden ein paar Minuten am Herd braten. Dann die Masse fest in die Pfanne drücken und im Backofen bei 200 °C etwa 30 Minuten backen.

6   Bratensaft durch ein Sieb gießen, aufkochen, Butter einrühren und den Saft mit geriebener Muskatnuss und Salz abschmecken.

7   Braten in Scheiben schneiden und auf Teller legen. Torte auf ein Brett stürzen, in Stücke schneiden und zum Fleisch geben. Fleisch mit Bratensaft überziehen.

Kalbsbrust MIT SEMMELFÜLLE

Zutaten für 6 Portionen
Zubereitungsdauer ca. 2 Std.

½ Kalbsbrust (ohne Brustkern,
ca. 2 kg, die Kalbsbrust vom
Metzger »untergreifen« lassen)
Butter für den Bräter und zum
Beträufeln
ca. 1 EL Erdnussöl
Salz, Pfeffer
2 Kalbsschwänze (in Scheiben
geschnitten)
ein paar Salbeiblätter
½ l Weißwein (z.B. Grüner
Veltliner)
kalte Butter
Küchengarn

Für die Fülle
1 große Zwiebel
ca. 1 EL Butter
7 altbackene Semmeln oder
500 g Knödelbrot
2 EL Weizengrieß
2 EL Steinpilzmehl *(siehe*
Anmerkung Seite 143)
120 g passierter Spinat
Salz, Pfeffer
Muskatnuss
3 EL gehackte Kräuter
(z.B. Liebstöckel, Kerbel
und Selleriegrün)
ca. 600 ml heiße Milch
250 g weiche Butter
4 Eier (Zimmertemperatur)

1 Für die Fülle Zwiebel schälen und klein schneiden. Zwiebel in Butter anschwitzen. Semmeln in kleine Würfel schneiden. Semmeln oder Knödelbrot in eine Schüssel geben, mit Grieß, Steinpilzmehl, Spinat, Salz, Pfeffer, geriebener Muskatnuss, Kräutern und der Zwiebel vermischen. Heiße Milch unterheben.

2 Streichfähige Butter mit ein wenig Salz cremig rühren. Eier verquirlen und nach und nach in die Butter einarbeiten *(siehe Anmerkung unten)*. Butterabtrieb mit der Knödelmasse vermischen. Die Masse sollte so feucht sein, dass sie sich formen lässt; Feuchtigkeit durch Zugabe von Milch einstellen. Fülle in kleinen Portionen in die Tasche der Kalbsbrust stopfen. Alle Öffnungen mit Küchengarn vernähen. Backofen auf 200 °C vorheizen.

3 Einen Bräter mit Butter ausstreichen, Erdnussöl in den Bräter gießen und Salz sowie Pfeffer hineinstreuen. Kalbsbrust und Kalbsschwänze in den Bräter legen und auf der Oberseite mit geschmolzener Butter beträufeln. Alles salzen, ein paar Salbeiblätter in den Bräter geben und etwa 1 cm hoch Wasser einfüllen. Wein zugießen und das Fleisch im Ofen etwa 2½ Stunden braten. Während des Bratens immer wieder mit Saft übergießen. Nach 45 Minuten die Temperatur auf 180 °C reduzieren. Sobald die Kalbsbrust Farbe angenommen hat, mit Alufolie oder Backtrennpapier abdecken. Zur Garprobe die Kalbsbrust mit einer Fleischgabel an einer dicken Stelle einstechen – wenn sich das Fleisch leicht anstechen lässt, ist alles ausreichend gegart. Hitze auf 80 °C reduzieren und das Fleisch temperiert noch mindestens 30 Minuten ruhen lassen.

4 Saft durch Einkochen von kalter Butter auf sämige Konsistenz bringen, mit Salz und Pfeffer abschmecken. Kalbsbrust in Scheiben schneiden und mit Kalbsschwanz auf Teller geben. Mit Sauce überziehen. Dazu passt Salat.

Pannenhilfe für den Butterabtrieb: *Falls dieser nicht homogen wird (sich Flüssigkeit absetzt), 1 kleinen Schuss kochendes Wasser mit dem Handrührgerät einarbeiten oder die Schüssel auf Wasserdampf stellen und die Masse mit dem Schneebesen rühren, bis sie bindet.*

Kalbsbrust mit Semmelfülle
(Rezept auf Seite 185)

Schweinsfilet im Heu MIT »SAUERDÄPFELN«

Zutaten für 6 Portionen
Zubereitungsdauer ca. 1 Stunde

2 Knoblauchzehen
1 TL grob gemahlene schwarze
Pfefferkörner
1 TL Paprikapulver (edelsüß)
ca. 4 EL Olivenöl
1 TL Ketchup
1 EL Honig
Salz
2 Schweinsfilets à 600 g
ca. 200 g grüner Speck
(messerrückendick geschnitten;
*siehe Anmerkungen unten sowie
auf Seite 190*)
Heu (am Land erhältlich,
evtl. auch in Reformhäusern)
abgeriebene Schale von
1 unbehandelten Zitrone zum
Bestreuen

Für die »Sauerdäpfel«
600 g Topinambur vulgo
Sauerdäpfel *(siehe
Anmerkung unten)*
ca. 3 EL Haselnussöl
Salz
Pfeffer

1 Für die Sauerdäpfel Topinambur unter fließendem kaltem Wasser waschen und sehr gut bürsten – ein Schälen ist dann nicht erforderlich und wäre auch mit viel Verlust verbunden. Topinambur im Dampf garen, bis sie weich sind.

2 Für das Schweinsfilet Backofen auf 250 °C vorheizen. Knoblauch pressen und mit Pfeffer, Paprikapulver, etwa 3 EL Olivenöl, Ketchup, Honig und Salz vermischen. Fleisch in dieser Marinade wenden und in grünen Speck wickeln.

3 Heu ausschütteln, sodass möglichst viel Staub entfernt wird. Einen Bräter mit Heu auslegen, Schweinsfilets ins Heu setzen und im Ofen etwa 35 Minuten garen – die Kerntemperatur sollte 65 °C betragen; mit einem Bratenthermometer prüfen.

4 Topinambur der Länge nach halbieren. In einer beschichteten Pfanne Haselnussöl erhitzen, Salz und Pfeffer hineinstreuen. Topinambur mit den Schnittflächen nach unten einlegen und in der zugedeckten Pfanne braten, bis sie an den Schnittflächen Farbe angenommen haben.

5 Fleisch aus dem Speck lösen, in dicke Scheiben schneiden und mit Topinambur anrichten. Alles mit Olivenöl beträufeln und mit abgeriebener Zitronenschale bestreuen.

Schweinsnetz statt Speckhülle: *Statt in Speck kann man die Schweinsfilets auch in Schweinsnetz einschlagen. Jedenfalls sollte das Fleisch nicht in direkten Kontakt mit dem Heu kommen. Das Heu dient bei diesem Gericht lediglich dazu, das Fleisch mit einem Wiesenduft zu parfümieren. Auf die gleiche Art kann man Lammrücken zubereiten. Dieser sollte vor dem Garen allerdings gründlich vom Fett befreit und gut geputzt werden.*

Zum Begriff »Sauerdäpfel«: *So nannte man Topinambur bis vor gar nicht langer Zeit, wurden die Knollen dieses genügsamen und vermehrungsfreudigen Sonnenblumengewächses doch überwiegend für die Fütterung des Viehs und Wilds hergenommen. Erst mit der Entdeckung der »Sauerdäpfel« für die große Küche sagt man auch am Land »Topinambur« dazu.*

Rindslungenbraten

MIT MARKSCHEIBEN UND SELLERIE-ERDÄPFEL-GRATIN

Zutaten für 6 Portionen
Zubereitungsdauer ca. 1½ Stunden

1,2 kg Mittelstück vom
Rindslungenbraten
Selleriesalz *(siehe Seite 230)*
grob geriebener Pfeffer
100 g grüner Speck (in dünne
Scheiben geschnitten; *siehe
Anmerkung unten)*
2 EL Butter, 2 EL Haselnussöl
Küchengarn

Für das Gratin

600 g mehligkochende Erdäpfel
200 g Knollensellerie
Butter für die Form
350 ml Milch
350 g Schlagobers
Salz, Pfeffer
1 Knoblauchzehe
200 g würziger Bergkäse

Für die Sauce

3 Schalotten
2 Knoblauchzehen
½ l Rotwein
¼ l Portwein
⅛ l Balsamessig
4 EL schwarzer Ribiselsaft (oder
Ribisellikör/Cassis)
ca. 1 TL Maisstärkemehl
kalte Butter
Salz, Pfeffer
Liebstöckelwürze *(siehe Seite 230)*

Für die Markscheiben

100 g Haselnusskerne
Salz
300 g gut gekühltes Rindermark

1 Für das Gratin Backofen auf 200 °C vorheizen. Erdäpfel und
Sellerie schälen. Sellerie vierteln, Erdäpfel und Sellerie in
messerrückendicke Scheiben schneiden. Eine Gratinform mit
Butter ausstreichen. Eine Lage Erdäpfelscheiben schindelartig in
die Form legen und festdrücken. Eine Lage Selleriescheiben
ebenso in die Form legen. Auf diese Weise alle Erdäpfel- und
Selleriescheiben einschichten. Milch mit Obers, Salz, Pfeffer und
gepresstem Knoblauch vermischen und in die Form gießen; die
Erdäpfel-Sellerie-Mischung sollte mit Flüssigkeit bedeckt sein.
Käse fein reiben und darüberstreuen. Gratin im Ofen etwa
45 Minuten backen. Mit Folie abdecken und warm stellen.

2 Backofentemperatur auf 250 °C erhöhen. Fleisch mit Selleriesalz
und Pfeffer würzen, mit Speck umhüllen, mit Küchengarn
binden und in Butter und Haselnussöl anbraten. Im Ofen etwa
30 Minuten garen – die Kerntemperatur soll 55 °C betragen, mit
einem Bratenthermometer prüfen. Vor dem Anschneiden bei
55 °C ein wenig ruhen lassen.

3 Für die Sauce Schalotten und Knoblauch schälen, fein hacken
und mit Rotwein, Portwein, Essig und Ribiselsaft kochen, bis
die Flüssigkeit auf ein Viertel der ursprünglichen Menge reduziert
ist. Stärkemehl in kaltem Wasser anrühren. Reduktion durch
Einrühren von kalter Butter und Stärkemehl binden. Sauce mit
Salz, Pfeffer und Liebstöckelwürze abschmecken.

4 Für die Markscheiben Nüsse hacken und mit ein paar Tropfen
Wasser und 1 guten Prise Salz leicht rösten. Mark in 1 cm dicke
Scheiben schneiden, auf ein mit Backtrennpapier belegtes Blech
legen, mit Nüssen bestreuen und im Ofen bei starker Oberhitze
wenige Minuten wärmen. Dabei auch das Gratin wärmen.

5 Fleisch in Scheiben schneiden, mit Markscheiben und Sauce
anrichten. Erdäpfel-Sellerie-Gratin als Beilage servieren.

Grüner Speck: *Weithin unter der italienischen Bezeichnung »Lardo«
bekannt, wird dieser reine Fettspeck bei Obauers zu Ehren des großen
Heimatkenners Sepp Forcher als »Forcher-Speck« bezeichnet und
rundherum in Paprikapulver und einer Kräutermischung gewälzt.*

Am Land, wo Milch und Honig fließen

Auch was die süßen Genüsse betrifft, ist das Brauchtum im Salzburger Land lebendig.

Dass der Seidl Sepp ein Nebenerwerbsimker ist, wäre schon zu viel gesagt, denn seine paar Bienenvölker bringen kaum mehr als hundert Gläser Honig im Jahr. Aber was für welchen! Dicken Waldhonig, der nach Harz und Fichtennadeln riecht, und goldblonden Wiesenhonig, der nach buschenweise Margeriten, Himmelschlüsseln und Kleeblüten duftet.

Süße Früchtchen: In der alpinen Höhenlage geraten Obst und Beeren zwar nicht so groß und makellos wie in anderen Regionen, dafür entwickeln sie ein besonders interessantes Aromaspiel, das vor allem Süßspeisen unwiderstehlich macht.

Am Land, wo Milch und Honig fließen, spielen die süßen Genüsse eine große Rolle. In Obauers Genusswelt zwischen Tennengebirge und Hochkönig fließt die Alpenmilch in satten Strömen, und es sind auch die Bienen fleißig. Gleich im Nachbarort von Werfen, in Tenneck, residiert ein hochmögender Honigbaron in personam des Halmut Gratschmair, der unter dem trefflich gewählten Namen »Honigmayr« das süße Gold bis in arabische Emirate exportiert. Dazu gibt es um Werfen Privatimker, die ihren Bienenvölkern Spezialitäten abgewinnen, von denen kein Scheich und auch sonst kaum je ein Fremder was erfahren wird – tiefdunklen Waldhonig zum Beispiel, der nach Harz und Fichtennadeln riecht, oder blonden Wiesenhonig, aus dem sensorisch talentierten Honigfreunden buschenweise die Margeriten, Kleeblüten und Schlüsselblumen entgegendutten. Der Seidl Sepp ist ein solcher Bienenflüsterer, der – Gott weiß, wie er es macht – einen Honig wie Nektar und Ambrosia in die Gläser bringt, jedenfalls einen unsterblich guten. »Beim Honig ist es wie bei den Fonds in der Küche«, erklärt Rudi Obauer, »man muss sofort riechen, was es ist. Und richtig schwer muss er fließen, nicht so runterrinnen wie eingedicktes Wasser.«

MIT VIEL GEFÜHL STATT GRAMMGENAUEN BACKREZEPTEN

Der Honig ist von alters her ein gern genutzter Süßstoff auf dem Lande. Tausende Jahre bevor noch Rübenzucker erfunden wurde, verstanden es die Menschen, sich mit dem Schatz der Bienen das Leben zu versüßen. Geradezu unentbehrlich wird der Honig, wenn es auf Weihnachten zugeht, denn dann ist auf dem Land ganz unvermeidlich Backsaison. »Keksbackmeisterinnen haben wir in Werfen, denen können wir alle miteinand' nicht das Wasser reichen«, gesteht Karl Obauer neidlos ein, und die Freundschaft mit diesen Meisterinnen der süßen Künste pflegen die Obauers nach Kräften. »Man kann von den Hausfrauen viel lernen«, stellt Rudi Obauer fest, »obwohl die natürlich in einer ganz anderen Welt leben als wir in unserer Küche.«

Die andere Welt ist eine, in der Erfahrung alles ist und Experimente keinen Platz haben. Während die Patissière und der Patissier der »großen Küche« mit einem Goldschmied oder Uhrmacher zu vergleichen sei, der grammgenau und gradgenau und millimetergenau seine Desserts und Bäckereien auf die Welt bringt, wären die Keksbackweltmeisterinnen wie die guten Volksmusikanten, beschreibt Rudi Obauer den Unterschied. Sie beherrschen ihr Instrument und Repertoire vollkommen, die jüngere Generation lernt von der älteren, und in den Noten – im Fall der Bäckerei in den Rezepten – schaut man nur ausnahmsweise nach. Das Gespür ist entscheidend, und nicht die präzise Umsetzung der Kochrezepte, schließlich entwickeln sich manche Teige und Massen im Sommer ganz anders als im Winter und vielleicht auch bei Neumond anders als bei Vollmond.

Nur das Beste, am besten hausgemacht

Handwerkliches Geschick und jahrzehntelange Übung sind wichtige Ingredienzen für das Hervorbringen von Backwerk der Meisterklasse, aber ebenso auf die materiellen Zutaten kommt es an. Auch hier gilt, dass das Beste gerade gut genug ist. »So sparsam die Frauen auch überall sonst sein mögen, vom Mehl, den Eiern und der Butter nehmen sie immer nur das Beste«, weiß Rudi Obauer, der einige dieser Süßspeisenkünstlerinnen in der Verwandtschaft hat.

Das Allerbeste ist sehr häufig selbst gemacht, weshalb in den traditionsbewussten Haushalten rund ums Jahr eingekocht und eingelegt wird. Die Früchte der Alpenregion lohnen diesbezüglich auch jede Mühe, denn in dem besonderen Klima und in der Höhenlage entwickeln sie ein hervorragendes Aroma. Echte Waldbeeren schmecken unvergleichlich kräftiger als Beeren aus Zuchtbetrieben, und das Obst von alten Bäumen und traditionellen Sorten ist mit seinem schönen Süße-Säure-Spiel viel interessanter als die übliche Handelsware. »Die Hauszwetschken, die Äpfel aus Streuobstlagen, die Kirschen und Weichseln sind bei uns bei Weitem nicht so groß und makellos wie das Obst, das man in den Supermarktvitrinen fin-

det, aber sie haben viel Geschmack. Zum Beispiel kriegen wir aus dem Lungau ganz kleine Marillen, die tatsächlich nach Rosen duften und einfach himmlisch schmecken«, schwärmt Rudi Obauer von den aromatischen Qualitäten der Hochlandfrüchte. Wer solches Obst zur Hochsaison in die Gläser bringt, braucht sich um die Fruchtigkeit seiner Süßspeisen nicht mehr zu sorgen.

Süsser die Glocken nie klingen

Eine Virtuosin an den Rührschüsseln und am Schneebesen war Rudi Obauers Schwiegermutter, die Fidler Elisabeth selig. Die ganze Familie hat sie mit süßen Genüssen versorgt, aber »die Küchenwaage hat sie fast nie gebraucht«, erinnert sich Rudi Obauer. »Ein Schöpflöffel von da, eine Handvoll von dort, ein Schuss, ein Häferl – auf die Art hat sie die tollsten Schnitten, Kuchen und Torten gezaubert.«

Den Wissensschatz um diese gefühlsbetonte Art der Bäckerei gibt es noch im Ort. Die Frauen Fritzenwallner und Glössl beispielsweise, Volksschuldirektorin in Rente die eine, Kellnerin im sogenannten Ruhestand die andere, beide mit einem stolzen Neuner vorn im Lebensalter ausgestattet, könnten mit ihren Keksen und Kuchen jeden Konditorwettbewerb gewinnen. Ihre Produktion geht natürlich recht bedächtig vonstatten, aber beim Backen nutzt die Hudlerei ja sowieso nichts. Nüsse beispielsweise reibt die Frau Fritzenwallner aus Prinzip mit der alten Handreibe, obwohl sie auch eine elektrische Küchenmaschine hätte. Aber in der würden die Nüsse ja warm werden und Fett auslassen, und das Backwerk würde mit solchen Nüssen nicht so werden, wie es sich gehört. Fürs Rösten nimmt sie nur die schwere Eisenpfanne und wärmt die Nüsse ganz behutsam, bis ein ganz wunderbarer Duft das Haus erfüllt. Und das Formen und Ausstechen ist auch so ein Prozess, in dem die Zeit keine Rolle spielt, weil es zwischen Ende November, wenn die ersten Lebkuchen in den Ofen geschoben werden, und dem Heiligen Abend, wenn endlich die Keksdosen geöffnet werden und die ganze Pracht an süßen Kleinkunstwerken auch offiziell vernascht werden darf, Zeit genug gibt.

Erdbeeren mit Vanillemus UND ROGGENKARAMELL

Zutaten für 6 Portionen
Zubereitungsdauer ca. 2 Stunden

1 kg Erdbeeren
1 Schuss Erdbeerlikör
evtl. Kräuter zum Garnieren
(z.B. Waldmeisterblättchen,
Melisseblättchen oder
Gänseblümchen)

Für den Karamell
120 g Butter
abgeriebene Schale von
1 unbehandelten Zitrone
100 g Honig
30 g glattes Mehl
40 g Roggenmehl
2 EL helle Sesamsamen
20 g Staubzucker
Öl für das Messer

Für das Vanillemus
1 Blatt Gelatine
120 g weiße Schokolade
1 Eidotter
1 EL Vanillezucker
⅛ l Milch
200 g Schlagobers
30 ml Eierlikör
ca. 2 EL Limoncello

1 Für den Karamell Butter schmelzen. Zitronenschale, Honig, glattes Mehl, Roggenmehl, Sesamsamen und Staubzucker in die Butter rühren. Masse etwa 30 Minuten ruhen lassen. Inzwischen Backofen auf 180 °C vorheizen.

2 Masse dünn auf Silikonmatten oder Backtrennpapier auftragen und im Ofen etwa 8 Minuten backen. Masse abkühlen lassen und noch vor dem völligen Aushärten in Stücke schneiden, dazu das Messer mit Öl fetten.

3 Für das Mus Gelatine in kaltem Wasser einweichen. Schokolade hacken oder in Stücke brechen. Dotter mit Vanillezucker cremig rühren. Milch mit 30 g Obers aufkochen. 1 Schuss von der Milch-Obers-Mischung flott in die Dottermasse rühren. Restliche Milch-Obers-Mischung einrühren und die Masse auf 68 °C erhitzen – die richtige Temperatur ist erreicht, wenn die Creme dick wird. Heiße Creme mit der Schokolade verrühren. Eierlikör zugießen und die Masse rühren, bis sich die Schokolade aufgelöst hat. Masse abkühlen lassen.

4 Restliches Obers schlagen und unter die Schokoladenmasse heben. Limoncello erwärmen, Gelatine ausdrücken und darin auflösen. Gelatine mit dem Schneebesen in die Schokolade-Obers-Masse rühren. Masse in einen Dressiersack füllen und kühlen.

5 Erdbeeren waschen, putzen, mit Erdbeerlikör marinieren und dekorativ auf Teller stellen. Vanillemus auf die Teller dressieren. Erdbeeren mit Karamellblättern abdecken. Eventuell mit Waldmeister- oder Melisseblättern oder Gänseblümchen dekorieren. Dazu passt auch Erdbeersauce, dafür Erdbeeren mit Zucker pürieren.

Salbei-Buttermilch-Mus MIT KOMBUCHA-MARILLEN

Zutaten für 9 Portionen à 2 Stück
Zubereitungsdauer ca. 3 Stunden

Für das Buttermilchmus
350 ml Buttermilch
200 ml Salbeisirup *(siehe Kasten unten)*
Salbeipulver *(siehe Kasten unten)*
4 Blatt Gelatine
350 g Schlagobers
ca. 40 g weiße Schokolade

Für die Marillen
60 g Zucker
¼ l Quitten-Kombucha
Saft von 1 Zitrone
etwas Zitronenthymian
12 Marillen

Für die Garnitur
Zimt (gemahlen)
Staubzucker
Salbeiblätter
Pflanzenöl zum Frittieren
Sauerrahm

1 Für das Mus Buttermilch mit 150 ml Salbeisirup und 1 Prise Salbeipulver verrühren. Gelatine in kaltem Wasser einweichen. 50 ml Salbeisirup erwärmen, Gelatine ausdrücken und darin auflösen. Obers steif schlagen, mit Salbeisirup und Buttermilch verrühren.

2 Ein Backblech oder eine Platte mit Backtrennpapier belegen. Schokolade schmelzen und mithilfe einer Winkelpalette auf das Papier streichen. 18 Ringe von etwa 5 cm Durchmesser auf die noch flüssige Schokolade stellen. Die Schokolade wird in wenigen Minuten fest. Mus in die Ringe füllen und 2 Stunden kühlen.

3 Für die Marillen Zucker mit 1 Schuss Wasser in einer Pfanne verrühren und so lange köcheln, bis der Zucker goldbraun und karamellisiert ist. Mit Kombucha und Zitronensaft ablöschen. Thymian dazugeben und die Flüssigkeit auf die Hälfte einkochen.

4 Marillen waschen, entkernen, in dicke Spalten schneiden und in den heißen Kombucha-Sirup legen. In der zugedeckten Pfanne je nach Reife in 2 bis 6 Minuten gar ziehen lassen.

5 Für die Garnitur Zimt und Zucker mischen. Salbeiblätter in Öl knusprig frittieren, auf Backtrennpapier legen und sofort mit Zimtzucker bestreuen.

6 Mus aus den Ringen lösen und je 2 Stück auf einen Teller stellen. Mit Marillen garnieren und diese mit Kombucha-Sirup überziehen. Mit frittierten Salbeiblättern und Sauerrahmtupfen garnieren. Weiters passen Basilikumblätter und Kamillenblüten.

Geschmack aus der Natur

Es zählt der **SALBEI** in unseren Breiten zwar nicht zu den wild wachsenden Gewächsen, doch wächst er wie wild, wenn er sich an einem Standort wohlfühlt. Was tun mit dem Salbeiwildwuchs? Am besten, wie auf Seite 230 beschrieben, in Form von Salbeisirup und Salbeipulver feucht und trocken konservieren. Die sind nicht nur gut für das Rezept auf dieser Seite, sondern auch für Fruchtsalate, Cocktails mit Schilcher und Champagner, Biskuit und Topfenaufstrich.

Erdbeercreme MIT EIERLIKÖR UND WALDERDBEEREN

Zutaten für 6 Portionen
Zubereitungsdauer ca. 1 Stunde

500 g vollreife Erdbeeren
200 g Sauerrahm, 120 g QimiQ
60 ml Eierlikör, 2 EL Zucker
1 TL Vanillezucker
1 Spritzer Tabasco
ca. 500 g Walderdbeeren zum
Garnieren
evtl. Milchschaum und Minze
oder Melisse zum Garnieren

1 Erdbeeren waschen und putzen. Gemeinsam mit den anderen Zutaten – ausgenommen Walderdbeeren – in einer Küchenmaschine hochtourig zu einer feinen Creme mixen.

2 Creme in Gläser oder Schalen füllen und etwa 1 Stunde kühlen. Walderdbeeren waschen und putzen. Creme mit Walderdbeeren garnieren, eventuell auch mit Milchschaum *(siehe Seite 63)* und Minze oder Melisse dekorieren.

Stanitzel MIT PREISELBEEROBERS

Zutaten für ca. 15 Stück • siehe Foto links
Zubereitungsdauer ca. 45 Minuten

2 Eier
ca. 120 g glattes Mehl
ca. 120 g Zucker
Anissamen
Staubzucker zum Bestreuen
evtl. Preiselbeermarmelade und
kandierte Zitronenschalen zum
Garnieren

Für das Preiselbeerobers
250 g Schlagobers
5 EL Preiselbeermarmelade *(siehe Seite 234)*

1 Eier abwiegen. Die gleiche Menge Mehl und ebenso viel Zucker abwiegen (im Sinne der Herstellung einer »Gleichschwer-Masse«). Eier, Mehl und Zucker glatt rühren. Den Teig etwa 15 Minuten ruhen lassen. Backofen auf 200 °C vorheizen.

2 Teig mit einem Löffel auf Backtrennpapier schöpfen und mit dem Löffelrücken dünn zu Kreisen von 15 cm Durchmesser ausstreichen. Teig mit ein wenig Anis bestreuen und im Ofen leicht goldbraun backen.

3 Teigplätzchen unverzüglich, am besten mit einer Backpalette, vom Papier heben (auf dem Blech bräunt der Teig nach und kann leicht zu spröd werden) und sofort um einen Kochlöffelstiel zu Stanitzeln drehen, und zwar so, dass die gebräunte Seite außen ist; noch besser lassen sich die Stanitzel formen, wenn man ein Stanitzelholz verwendet (erhältlich im Konditorbedarfshandel).

4 Für die Fülle Obers steif schlagen. Marmelade unter das Obers heben. Stanitzel mit Preiselbeerobers füllen und mit Staubzucker bestreuen. Eventuell mit Preiselbeermarmelade und kandierten Zitronenschalen garnieren.

Himbeernockerln MIT HOLLER-JOGHURT-EIS

Zutaten für 6 Portionen
Zubereitungsdauer ca. 1 Stunde

Für die Nockerln

Butter für die Förmchen
ca. 170 g Zucker
2 TL Vanillezucker
ca. 250 g Schlagobers
150 g Marzipanrohmasse
40 ml grüner Minzlikör
150 g kandierte Orangenschalen
und/oder Zitronat
300 g Himbeeren
7 Eiklar (ca. 210 g)
Salz
3 Msp. Maisstärkemehl
1 Vanilleschote
3 Eidotter
Staubzucker zum Garnieren

Für das Eis

500 g Naturjoghurt
85 ml Hollersirup
Saft von 2 Zitronen

1 Für das Eis Joghurt mit Hollersirup und Zitronensaft verrühren und in der Eismaschine frieren. Wenn keine Eismaschine zur Verfügung steht, aus derselben Mischung ein Granité zubereiten: Masse auf ein möglichst großes Tablett gießen und im Tiefkühler frieren. Eis mit einem Löffel aufschaben und in Gläser geben.

2 Für die Nockerln Backofen auf 220 °C vorheizen. Sechs feuerfeste Formen von etwa 10 cm Durchmesser mit Butter ausstreichen und großzügig mit etwas Zucker und Vanillezucker ausstreuen. In jede Form etwa 3 EL flüssiges Obers geben. Formen in den Ofen stellen, bis der Zucker leicht karamellisiert ist.

3 Marzipan mit Minzlikör verkneten und in kleine Stücke schneiden. Orangenschalen und/oder Zitronat in kleine Stücke hacken und in die Formen streuen. Himbeeren verlesen, in die Formen legen und mit Marzipanstückchen bestreuen.

4 Eiklar mit 150 g Zucker und 1 Prise Salz zu einem cremigen Schnee schlagen und mit Stärkemehl verrühren. Vanilleschote längs aufschneiden und das Mark herauskratzen. Dotter mit dem Mark der Vanilleschote verrühren und rasch unter den Schnee heben. Schnee auf die Himbeeren verteilen. Im Ofen etwa 7 Minuten überbacken, der Schnee soll Farbe annehmen, innen aber cremig bleiben.

5 Himbeernockerln großzügig mit Staubzucker bestreuen und in den Formen servieren. Eis separat als Beilage geben.

Herkunft des Rezepts: *Diese Nockerln haben wenig Gemeinsamkeiten mit Nocken, wie auf Seite 220 beschrieben, oder Nockerln in der Art von Spätzle. Sie stehen jedoch in enger Verwandtschaft mit den ebenfalls aus viel Eischaum hergestellten und gebackenen Salzburger Nockerln und sind durch die Zugabe von Frucht und Marzipan noch ein wenig reizvoller als dieser Klassiker der österreichischen Patisserie.*

Gebackene und marinierte Kirschen MIT ZIMTOBERS

Zutaten für 6 Portionen
Zubereitungsdauer ca. 45 Minuten

1 kg Kirschen mit Stängeln

Für die Marinade
100 ml Balsam-Birnenessig
300 ml Portwein
300 ml Rotwein
ca. 2 EL Zitronensaft
1 TL Kakaopulver
70 g Orangenmarmelade
250 g Schwarzbeeren
50 g Rohrzucker
1 EL gehackter Ingwer
ca. 1 TL Maisstärkemehl

Für die gebackenen Kirschen
150 g Reismehl
1 Msp. Backpulver
1 kg Butterschmalz
Hollersirup oder Kirschschnaps
Staubzucker zum Servieren

Für das Zimtobers
200 g Schlagobers
Zimt (gemahlen)
1 EL Vanillezucker

1 Für die Marinade Essig, Portwein, Rotwein, Zitronensaft, Kakaopulver, Orangenmarmelade, Schwarzbeeren, Zucker und Ingwer auf ein Drittel der ursprünglichen Menge einkochen. Saft durch ein Sieb gießen. Ein wenig Maisstärkemehl in Wasser einrühren. So viel davon in die Marinade einkochen, dass diese eine leichte Bindung erhält.

2 Kirschen waschen. Die Hälfte der Kirschen in die Marinade legen. Für die gebackenen Kirschen Reismehl mit Backpulver und eiskaltem Wasser zu einem zähen Teig rühren.

3 Butterschmalz erhitzen. Die für das Backen reservierten Kirschen an den Stängeln nehmen, einzeln durch Hollersirup oder Kirschschnaps ziehen (damit der Teig gut haftet), durch den Teig ziehen und ins heiße Butterschmalz legen. Kirschen nur wenige Sekunden backen, bis der Teig leicht Farbe annimmt. Gebackene Kirschen auf Küchenkrepp legen und abtropfen lassen.

4 Für das Zimtobers Obers cremig schlagen und mit 1 Msp. Zimt und Vanillezucker aromatisieren.

5 Marinierte Kirschen und gebackene Kirschen separat in Schüsseln geben. Gebackene Kirschen großzügig mit Staubzucker bestreuen. Dazu Zimtobers servieren.

Bild auf den Seiten 208/209

Gebackene und marinierte Kirschen mit Zimtobers
(Rezept auf Seite 207)

Topfen–Mohn–Kuchen MIT ORANGEN

Zutaten für 1 Blech (30 x 40 cm)
Zubereitungsdauer ca. 3 Stunden

Für die Mohnmasse

4 Eier
120 g Staubzucker
150 g Mohn (gequetscht)
70 g geriebene Haselnusskerne
100 g weiche Butter
abgeriebene Schale von
1 unbehandelten Zitrone
1 TL Vanillezucker
Salz
evtl. Blüten und Grenadine-
Orangenzesten zum Garnieren
(siehe Anmerkung unten)

Für die Creme

5 Blatt Gelatine
500 g Schlagobers
250 g Topfen (20 % F. i. Tr.)
100 g Staubzucker
Saft von 1 Zitrone
abgeriebene Schale von
1 unbehandelten Orange
ca. 2 EL Orangenlikör

Für den Überzug

3 Blatt Gelatine
300 ml Orangensaft

1 Backofen auf 160 °C vorheizen. Eier in Dotter und Klar trennen. Klar mit 90 g Staubzucker zu Schnee schlagen. Mohn und Nüsse unter den Schnee heben.

2 Weiche Butter mit dem restlichen Staubzucker, der abgeriebenen Zitronenschale, Vanillezucker und 1 Prise Salz cremig rühren. Nach und nach die Dotter einarbeiten. Einen Teil des Schnees in den Butterabtrieb rühren, restlichen Schnee nach und nach behutsam unterheben.

3 Ein Backblech mit Backtrennpapier belegen. Mohnmasse fingerdick auf das Papier streichen und im Ofen etwa 15 Minuten backen. Masse abkühlen lassen.

4 Für die Creme Gelatine in kaltem Wasser einweichen. Obers steif schlagen. Topfen mit Staubzucker, Zitronensaft und abgeriebener Orangenschale verrühren. Topfenmasse mit Obers vermischen.

5 Orangenlikör erwärmen und Gelatine darin auflösen. Gelatine mit dem Schneebesen in die Topfenmasse rühren. Creme auf den Kuchenboden streichen. Kuchen kalt stellen, bis die Creme fest geworden ist.

6 Für den Überzug Gelatine in kaltem Wasser einweichen. Orangensaft erwärmen, Gelatine ausdrücken und darin auflösen. Orangensaft kurz abkühlen lassen, die Flüssigkeit sollte aber noch nicht stocken.

7 Kuchen mit Orangengelee bestreichen. Eventuell mit Blüten und Grenadine-Orangenzesten dekorieren.

Grenadine-Orangenzesten herstellen: *Für die Zesten dünne Streifen von der Orangenschale (sogenannte Zesten) in kaltem Wasser aufsetzen, Wasser aufkochen und abgießen. Diesen Vorgang wiederholen, damit die bitteren Aromen der Orangenschalen ausgekocht werden. Orangzesten in Grenadinesirup einlegen und vor der Verwendung mindestens einen Tag ziehen lassen. Nach gleicher Manier werden auch Zitronenschalen kandiert – diese nach dem Blanchieren allerdings nicht in Grenadine einlegen, sondern nochmals in Zucker kochen.*

Topfenstrudel MIT RUM-ZITRONEN-SAUCE

Zutaten für 9 Portionen
Zubereitungsdauer ca. 1 Stunde

6 Eier
250 g zimmerwarme Butter
Salz
120 g Zucker
1 TL Vanillezucker
abgeriebene Schale von
1 unbehandelten Zitrone
20 g Vanillepuddingpulver
500 g Topfen (20 % F. i. Tr.)
300 g Sauerrahm
Butter zum Bestreichen
15 Biskotten
6 Blätter Strudelteig (30 x 30 cm)

Für die Sauce
200 g Zucker
⅛ l Orangensaft
⅛ l Zitronensaft
⅛ l weißer Rum
100 g kalte Butter

1 Eier in Dotter und Klar trennen. 250 g zimmerwarme Butter mit 1 Prise Salz, 60 g Zucker, Vanillezucker und abgeriebener Zitronenschale cremig rühren. Nach und nach die Dotter einrühren. Puddingpulver, Topfen und Sauerrahm unterheben. Eiklar mit dem restlichen Zucker zu Schnee schlagen. Schnee unter die Topfenmasse ziehen.

2 Backofen auf 200 °C vorheizen. Butter zum Bestreichen der Strudel schmelzen. Biskotten zu Bröseln reiben.

3 Auf ein Küchentuch 1 Blatt Strudelteig legen, mit zerlassener Butter bestreichen, ein zweites Blatt Strudelteig darauflegen, mit Butter bestreichen und mit einem Drittel der Biskottenbrösel bestreuen. Ein Drittel der Topfenfülle am oberen Drittel des Teigs auftragen, dabei links und rechts ein paar Zentimeter frei lassen. Strudelteig an den beiden Seiten einschlagen, Strudel von etwa 6 cm Durchmesser rollen und mit der Verschlussseite des Teigs nach unten in eine flache Form legen. Weitere 2 Strudel auf die gleiche Art verfertigen. Die Form sollte am Schluss mit Strudel gefüllt sein. Strudel mit zerlassener Butter bestreichen und im Ofen etwa 40 Minuten backen.

4 Für die Sauce Zucker mit 60 ml Wasser so lange kochen, bis der Zucker leicht karamellisiert ist. Mit Orangensaft, Zitronensaft und Rum aufgießen und so lange kochen, bis die Flüssigkeit auf die Hälfte der ursprünglichen Menge eingekocht ist. Butter einmixen. Topf in eiskaltes Wasser stellen und die Sauce unter Rühren abkühlen lassen.

5 Strudel nach dem Backen ein wenig abkühlen lassen, in Portionsstücke schneiden und mit Sauce anrichten.

Zitronen-Joghurt-Torte

Zutaten für 1 Torte von 22 cm Ø
Zubereitungsdauer ca. 7 Stunden

5 Eier
125 g Rohrzucker
125 g Dinkelmehl
1 EL Kakaopulver
Salz
1 gestr. TL Backpulver
ca. 2 EL Pflanzenöl
Butter und Mehl für die Form
Himbeermarmelade zum
Bestreichen

Für die Creme
5 Blatt Gelatine
500 g Naturjoghurt
120 g Staubzucker
250 g Schlagobers
Saft von 2 Zitronen

1 Backofen auf 180 °C vorheizen. Eier luftig aufschlagen, Rohrzucker einrühren. Mehl, Kakao, 1 Prise Salz und Backpulver vermischen und sieben. Mehlmischung rasch unter die Eier heben. Öl einrühren.

2 Eine Springform mit Butter ausstreichen und mit Mehl ausstreuen. Masse in die Form füllen und im Ofen etwa 40 Minuten backen. Tortenboden auskühlen lassen.

3 Für die Creme Gelatine in kaltem Wasser einweichen. Joghurt mit Staubzucker verrühren. Obers steif schlagen.

4 Vom Zitronensaft 3 EL erwärmen. Gelatine ausdrücken und darin auflösen. Obers, restlichen Zitronensaft und Joghurt vermengen. Aufgelöste Gelatine unterziehen.

5 Tortenboden mit leicht erwärmter Marmelade bestreichen. Creme auf dem Boden verteilen und glatt streichen. Torte vor dem Anschneiden mindestens 5 Stunden kühlen.

Schilcher-Sorbet

Zutaten für 10 Portionen
Zubereitungsdauer ca. 1 Stunde

2 Birnen
100 g Zucker
1 l Schilcher (säurebetonter Wein
aus der Steiermark)
40 ml Trebernbrand (ersatzweise
Grappa)
60 ml Himbeerlikör
4 EL Glukosesirup
Kräuter zum Garnieren
(z.B. Zitronenmelisse, Minze)

1 Birnen schälen, entkernen und pürieren (für 1 l Schilcher benötigt man 200 ml Birnenpüree).

2 Zucker mit 200 ml Wasser kochen, bis der Zucker aufgelöst ist (ergibt »Läuterzucker«). Alle Zutaten bis auf die Kräuter vermischen und in der Eismaschine zu Sorbet frieren.

3 Schilchersorbet mit Kräuterblättchen dekorieren. Passt gut als sommerliche Erfrischung zwischendurch oder als Ergänzung von Desserts mit Beeren.

Geeistes Schokomus MIT RONAÄPFELN, RIBISEL- UND KAKAOSAUCE UND SCHOKOLADENCREME

Zutaten für 12 Portionen
Zubereitungsdauer ca. 4 Stunden

Für die Ronaäpfel
6 Äpfel (Elstar oder Golden
Delicious)
½ l Ronasaft
½ l Pfefferminztee

Für das Mus
150 g Schokolade
(65 % Kakaoanteil)
4 Eidotter
80 g Zucker
6 Eiklar
Salz
ca. 40 g Schokolade
(80 % Kakaoanteil)

Für die Creme
90 g Schokolade
(65 % Kakaoanteil)
250 g Schlagobers
50 ml Kirschschnaps

Für die Ribiselsauce
ca. 350 g gerebelte Ribiseln
ca. 2 EL Staubzucker
Ribiseln und Zucker zum
Garnieren

Für die Kakaosauce
1 EL Zucker
1 gestr. EL Kakaopulver
Rum

1 Für die Ronaäpfel von den Äpfeln die Kerngehäuse ausstechen, Äpfel schälen und der Länge nach halbieren. Apfelhälften so dicht und tief wie möglich einschneiden, die Apfelhälften sollten aber noch ihre Form behalten. Apfelhälften dicht nebeneinander in ein verschließbares Gefäß legen (z.B. in eine Plastikbox). Ronasaft mit Tee erhitzen und die Äpfel damit übergießen – die Äpfel sollen mit Flüssigkeit bedeckt sein. Äpfel in der verschlossenen Box ein paar Stunden marinieren.

2 Für das Mus die 65%ige Schokolade in Stücke schneiden und über Wasserdampf schmelzen. Dotter mit 40 g Zucker cremig rühren. Eiklar mit dem restlichen Zucker und 1 Prise Salz zu Schnee schlagen. Dottermasse mit der geschmolzenen Schokolade vermischen. Schnee unterziehen.

3 Ein Blech mit Backtrennpapier belegen. Die 80%ige Schokolade schmelzen und mithilfe einer Winkelpalette dünn auf das Papier streichen. Formen (z.B. quadratische Formen von etwa 5 cm Seitenlänge) auf die Schokolade setzen und die Schokolade fest werden lassen, das dauert wenige Minuten. Schokoladenmus in die Formen füllen und tiefkühlen.

4 Für die Creme Schokolade hacken. Obers erhitzen, Kirschschnaps zugießen und alles auf die Schokoladenstücke gießen. Rühren, bis die Schokolade aufgelöst ist. Schokoladencreme kühlen.

5 Für die Ribiselsauce die gerebelten Ribiseln mit Staubzucker zu einer Sauce pürieren.

6 Für die Kakaosauce 100 ml Wasser mit Zucker, Kakaopulver und 1 Schuss Rum erwärmen und glatt rühren. Sauce abkühlen lassen.

7 Mus aus den Formen schneiden und auf Teller setzen. Apfelblätter dekorativ dazustellen oder -legen. Ribisel- und Kakaosauce tupferweise auf die Teller geben, Creme löffelweise ausstechen und auf die Teller geben. Für die Garnitur Ribiseln in Zucker wenden und auf die Teller geben. Dazu passt auch Schokoladeneis.

Schmoräpfel MIT PISTAZIEN-KRESSE-RAHM

UND APFELSCHAUM

**Zutaten für 9 Portionen
Zubereitungsdauer ca. 1½ Stunden**

Für die Schmoräpfel

30 g Marzipanrohmasse

40 g Mohn (ungequetscht)

ca. 60 ml Nusslikör

abgeriebene Schale von

1 unbehandelten Zitrone

60 g Nougat

9 mittelgroße Äpfel (Kronprinz
Rudolf oder Maschansker)

9 Gewürznelken

Butter für die Form und zum
Bestreichen

Zucker für die Form und zum
Bestreuen

etwas Vanillezucker

Apfelsaft

Minz- oder Quendelblätter zum
Bestreuen

evtl. Berberitzen zum Bestreuen

Für den Pistazien-Kresse-Rahm

50 g Pistazien

20 g Bachkresse

5 Eidotter

50 g Zucker

¼ l Milch

60 g Schlagobers

50 ml Eierlikör

ca. 2 EL Kürbiskernöl

Für den Apfelschaum

2 Blatt Gelatine

ca. 3 Äpfel

50 g Zucker

Saft von 1 Zitrone

Apfelschnaps

1 Für die Äpfel Marzipan, Mohn, Nusslikör, Zitronenschale und Nougat zu einer formbaren Masse verrühren – die Festigkeit durch Zugabe von mehr oder weniger Nusslikör einstellen.

2 Äpfel waschen, Kerngehäuse ausstechen, Blütenansatz etwa 1 cm dick abschneiden und an seinen Platz zurücksetzen. Die Höhlung der Äpfel mit Marzipan-Nougat-Masse füllen und in jede Füllung 1 Gewürznelke stecken. Backofen auf 220 °C vorheizen.

3 Eine große ofenfeste Pfanne mit Butter ausstreichen und großzügig mit Zucker und Vanillezucker ausstreuen. Äpfel mit der Öffnung nach oben in die Pfanne setzen, mit geschmolzener Butter bestreichen und mit Zucker bestreuen. So viel Apfelsaft in die Pfanne gießen, dass die Flüssigkeit etwa 1 cm hoch in der Pfanne steht. Minzblätter oder Quendelblätter und/oder eventuell Berberitzen auf die Äpfel und in die Pfanne streuen. Äpfel im Ofen etwa 30 Minuten weich schmoren. Äpfel nach dem Schmoren noch etwa 30 Minuten abkühlen lassen.

4 Für den Pistazien-Kresse-Rahm Pistazien hacken und Kresse fein schneiden. Dotter mit Zucker cremig rühren. Milch mit Obers aufkochen, mit der Dottermasse verrühren und unter ständigem Rühren auf 72 °C erhitzen (zur Rose kochen; *siehe Seite 221*). Masse sofort in eine eiskalte Schüssel gießen. Pistazien, Kresse, Eierlikör und Kürbiskernöl mit der abgekühlten Obersmasse hochtourig mixen.

5 Für den Apfelschaum Gelatine in kaltem Wasser einweichen. Äpfel schälen, Kerngehäuse ausschneiden und die Äpfel in kleine Würfel schneiden, man benötigt davon 350 g. Zucker mit 1 kleinen Schuss Wasser bis zur golbraunen Färbung erhitzen. Äpfel einlegen, alles mit dem Zitronensaft ablöschen und die Äpfel weich dünsten. Masse pürieren. Gelatine in erwärmtem Apfelschnaps auflösen und in das Püree rühren. Die Masse in eine eiskalte Schüssel füllen und mit dem Handrührgerät über Eiswasser schaumig rühren.

6 Pistazien-Kresse-Rahm in Suppenteller geben. Schmoräpfel in den Rahm setzen und mit Apfelschaum überziehen.

Nussbrioche im Walnussblatt MIT MOSTCHAUDEAU

Zutaten für 6 Portionen
Zubereitungsdauer ca. 8 Stunden

500 g glattes Mehl
70 g Zucker
130 g weiche Butter
120 g Nougat
7 Eier
12 g Germ
Salz
Butter für die Form und zum
Betreichen
Schlagobers oder Nusslikör
Walnussblätter
Butterschmalz zum Frittieren
ca. 50 g Staubzucker
Zimt (gemahlen)
Zahnstocher

Für das Chaudeau
¼ l Birnenmost
1 Ei
2 Eidotter
100 g Zucker

1   Mehl mit Zucker, weicher Butter, Nougat, Eiern, Germ und 1 Prise Salz in der Rührmaschine mit den Knethaken zu einem Briocheteig schlagen. Rührschüssel mit Frischhaltefolie abdecken, Teig gekühlt etwa 6 Stunden ruhen lassen.

2   Zwei Kastenformen mit Butter ausstreichen. Teig zusammenschlagen, in 2 gleiche Portionen teilen, in die Formen geben und mit geschmolzener Butter bestreichen. Formen mit Tüchern abdecken und den Teig an einem warmen Ort aufgehen lassen, bis sich das Volumen verdoppelt hat. In der Zwischenzeit Backofen auf 180 °C vorheizen.

3   Brioches im Ofen etwa 50 Minuten backen. Zur Garprobe mit einem Holzspieß anstechen: Wenn kein Teig haften bleibt, ist die Brioche ausreichend gebacken. Formen stürzen und die Brioches abkühlen lassen. Formen abheben.

4   Brioches in Würfel von etwa 3 cm Kantenlänge schneiden. Für eine jugendfreie Variante die Briochewürfel auf zwei Seiten in flüssiges Obers tunken und in Walnussblätter einschlagen. Die Blätter mit Zahnstochern fixieren. Für die Variante »mit Schuss« Briochewürfel in Likör tunken und ebenso in Walnussblätter einschlagen und fixieren.

5   Briochewürfel in heißem Butterschmalz schwimmend frittieren, aus dem Schmalz heben und auf Küchenkrepp abtropfen lassen.

6   Staubzucker mit 1 guten Prise Zimt vermischen. Briochewürfel vor dem Servieren mit Zimtzucker bestreuen.

7   Für das Chaudeau Most mit Ei, Dottern und Zucker vermischen und über Wasserdampf mit dem Schneebesen zu einer cremigschaumigen Masse schlagen – das Chaudeau ist dick genug, wenn es am Löffelrücken haften bleibt. Zu den Briochewürfel servieren.

Nussbrioche im Walnussblatt mit Mostchaudeau
(Rezept auf Seite 217)

Holler-Zwetschken-Nocken MIT HOLLERKOMPOTT

Zutaten für 6 Portionen
Zubereitungsdauer ca. 45 Minuten

Für die Nocken

250 g Zwetschken
ca. 300 ml Milch
300 g glattes Mehl
Salz
ca. 3 EL Butterschmalz
Zucker und Staubzucker zum
Bestreuen

Für das Hollerkompott

1 unbehandelte Orange
2 Äpfel
½ l gerebelte Hollerbeeren
½ l Rotwein
½ l Apfelsaft
ca. 10 cm Zimtstange
70 ml Amaretto
2 Sternanis
2 Gewürznelken
1 Vanilleschote
2 schwarze Pfefferkörner
150 g Zucker
ca. 1 TL Maisstärkemehl
Sodawasser

1 Für das Hollerkompott die Orange waschen und abtrocknen, Schale abreiben, Saft auspressen. Äpfel waschen, Kerngehäuse entfernen und Fruchtfleisch reiben. Hollerbeeren mit Wein, Apfelsaft, Zimt, Amaretto, Sternanis, Gewürznelken, der aufgeschnittenen Vanilleschote, Pfefferkörnern, Schale und Saft der Orange, Äpfeln und Zucker etwa 15 Minuten kochen. Ein wenig Maisstärkemehl in kaltem Wasser anrühren. Hollerkompott durch Einkochen von Maisstärkemehl leicht binden.

2 Für die Nocken Zwetschken waschen, entkernen, in Spalten schneiden und mit 250 g gut abgetropften Beeren vom Hollerkompott vermischen. Milch zum Kochen bringen.

3 Mehl und 1 Prise Salz mit der Zwetschken-Holler-Mischung verrühren. Unter ständigem Rühren so viel kochende Milch zugießen, dass eine zähe Masse entsteht.

4 In einer Pfanne Butterschmalz erhitzen. Nockenmasse löffelweise einlegen, goldbraun anbraten und mithilfe einer Spachtel wenden. Einen Deckel auf die Pfanne setzen, sodass ein Spalt frei bleibt, und die Nocken bei schwacher Hitze etwa 8 Minuten gar ziehen lassen.

5 Zucker mit Staubzucker vermischen. Holler-Zwetschken-Nocken auf Teller legen und mit der Zuckermischung großzügig bestreuen. Hollerkompott mit ein wenig Sodawasser aufspritzen und als Beilage servieren.

Schwarzbeerkoch MIT BIEREIS

Zutaten für 6 Portionen
Zubereitungsdauer ca. 3 Stunden

Für das Schwarzbeerkoch

1 kg Zwetschken *(siehe Anmerkung unten)*

1 kg Äpfel

2 ½ l Schwarzbeeren

¾ l Rotwein

¼ l schwarzer Ribisellikör (Cassis)

200 ml Orangenlikör

60 ml grüner Minzlikör

40 ml Mandellikör (Amaretto)

20 ml Apfellikör

ca. 5 cm Zimtstange

500 g Zucker

60 g Vanillezucker

evtl. 2 EL Maisstärkemehl

Eierlikör zum Garnieren

Für das Biereis

6 Eidotter

1 EL Honig

100 g Zucker

½ l dunkles Bier

125 g Schlagobers

1 Für das Biereis Dotter mit Honig und Zucker mit dem Hand-rührgerät gut schaumig schlagen. Bier aufkochen. Etwa 120 ml Bier mit der Dottermasse zügig verrühren. Diese Masse zum restlichen Bier geben und alles auf 78 °C erhitzen (zur Rose kochen; man kann die richtige Temperatur auch mit einer Löffelprobe feststellen: Ein wenig von der Masse auf den Rücken eines Holzlöffels geben und daraufblasen – wenn sich die Masse wie eine Blüte teilt, ist der richtige Zustand erreicht). Den Topf in kaltes Wasser stellen und die Masse abkühlen lassen. Schlagobers einrühren und die Masse in der Eismaschine frieren.

2 Für das Schwarzbeerkoch Zwetschken waschen, entkernen und in Spalten schneiden. Äpfel waschen, Kerngehäuse ausstechen oder ausschneiden und die Äpfel in Scheiben schneiden. Schwarz-beeren, Äpfel und Zwetschken mit den restlichen Zutaten, aus-genommen Stärkemehl und Eierlikör, etwa 1 Stunde köcheln.

3 Maisstärkemehl mit ein wenig kaltem Wasser verrühren. So viel davon in das heiße Koch einrühren, dass die Flüssigkeit leichte Bindung annimmt. Koch vor der weiteren Verwendung abkühlen lassen oder zwecks Lagerung heiß in Gläser füllen.

4 Schwarzbeerkoch in Suppenteller schöpfen, 1 Nockerl Biereis hineinsetzen und einen Faden Eierlikör rundherum ziehen.

Vorratshaltung und gute Taten: *Schwarzbeerkoch, Kompotte, Marmeladen und dergleichen werden immer dann gemacht, wenn alle Zutaten im Überfluss vorhanden sind. Und niemals sollte davon wenig zubereitet werden, sondern immer ein wenig zu viel. Denn erstens trägt die gut gefüllte Vorratskammer den Haushalt gecshmackvoll durch die fruchtlosen Jahreszeiten, und zweitens kann für Menschen mit Geschmack kein Geschenk ein besseres sein als eines aus der eigenen Küche.*

Nussparfait MIT RONAFEIGEN
UND KARAMELLISIERTEN HASELNÜSSEN

Zutaten für 12 Portionen
Zubereitungsdauer ca. 3 Stunden

Für das Parfait
2 Eier
2 EL Zucker
Salz
250 g Schlagobers
60 g Nusslikör (auch Hasel-
nusslikör kann verwendet werden)
150 g Haselnusspaste
(ungezuckert)

Für die Feigen
ca. 500 g Rona
500 g Rohrzucker
70 g Zitronensäure
100 g Schwarzbeeren
320 g Preiselbeeren
Tapiokamehl zum Binden
12 Feigen

Für die Nüsse
60 g Zucker
200 g Haselnusskerne

Zum Garnieren
Berberitzen
Verbeneblätter

1 Für das Parfait Eier in Dotter und Klar trennen. Dotter mit 1 EL Zucker cremig rühren. Klar mit 1 EL Zucker und 1 Prise Salz zu Schnee schlagen. Obers steif schlagen.

2 Likör und Nusspaste mit der Dottermasse verrühren, Schnee und Obers unterheben. Masse in zwölf Portionsformen füllen und tiefkühlen, bis sie durchgefroren ist.

3 Für die Ronafeigen Rona schälen und in Stücke schneiden, man benötigt davon etwa 400 g. 1 l Wasser mit Rona, Zucker, Zitronensäure, Schwarzbeeren und Preiselbeeren etwa 2 Stunden köcheln. Fond durch ein Sieb gießen und auf etwa ¼ l einkochen. Tapiokamehl mit kaltem Wasser verrühren. So viel davon in die heiße Flüssigkeit einrühren, dass sie leicht gebunden wird.

4 Feigen waschen und in Spalten schneiden. Feigenspalten in den Ronafond legen und darin marinieren.

5 Für die Nüsse Zucker mit 1 Schuss Wasser bis zur goldgelben Farbe kochen beziehungsweise karamellisieren. Haselnusskerne in den Karmell tunken und einzeln auf Backtrennpapier setzen.

6 Parfait aus den Formen lösen und auf Teller setzen. Den gebundenen Fond der Ronafeigen auf die Teller geben und Feigen hineinsetzen. Alles mit karamellisierten Nüssen garnieren und mit flüssigem Nusskaramell, Berberitzen und Verbene dekorieren.

Apfelkuchen MIT PISTAZIEN UND NÜSSEN

Zutaten für 1 Backblech (30 x 40 cm)
Zubereitungsdauer ca. 1½ Stunden

Für den Teig
4 Eier
160 g zimmerwarme Butter
160 g Zucker
ca. 2 EL Rum
4 EL Milch
70 g Haselnusskerne
100 g glattes Mehl
100 g griffiges Mehl
1 TL Backpulver

Für den Belag
5 große säuerliche Äpfel
Saft von 1 Zitrone
ca. 150 g Haselnusskerne
ca. 50 g Pistazien
ca. 100 g Vogelbeermarmelade
(siehe Seite 235)
Zimt (gemahlen)
ca. 3 EL Zucker

1 Für den Belag die Äpfel waschen und Kerngehäuse entfernen. Äpfel grob reiben und mit dem Zitronensaft vermischen. Äpfel in ein Tuch schlagen und ausdrücken. Nüsse und Pistazien hacken oder grob reiben.

2 Backofen auf 180 °C vorheizen. Für den Teig Eier in Dotter und Klar trennen. Zimmerwarme Butter mit 120 g Zucker cremig rühren. Dotter nach und nach einarbeiten, weiters Rum und Milch einrühren.

3 Eiklar mit restlichem Zucker zu einem sämig-steifen Schnee schlagen. Nüsse grob reiben. Beide Mehlsorten mit Backpulver vermengen. Mehlmischung, Nüsse und Schnee mit der Dottermasse vermengen.

4 Ein Backblech mit Backtrennpapier belegen. Teig gleichmäßig hoch auf das Papier streichen, mit Vogelbeermarmelade bestreichen, Äpfel darauf verteilen und mit Nüssen und Pistazien bestreuen. 1 gute Prise Zimt mit Zucker mischen, Zimtzucker auf den Kuchen streuen. Im Ofen etwa 40 Minuten backen. Zur Garprobe mit einem Holzspieß anstechen – wenn kein Teig mehr am Spieß haften bleibt, ist der Kuchen ausreichend gebacken.

5 Kuchen abkühlen lassen, in Portionsstücke schneiden und zum Beispiel mit Rumobers als Beilage servieren – dafür Schlagobers mit Zucker und 1 Schuss Rum steif schlagen.

Zwetschken–Süßwein–Tarte

Zutaten für 1 Tarte von 22 cm Ø
Zubereitungsdauer ca. 2 Stunden

Für den Mürbteigboden

125 g Butter
250 g griffiges Mehl
125 g Zucker
1 TL Backpulver
1 Ei
Butter für die Form

Für den Belag

¼ l Süßwein
30 g Vanillepuddingpulver
50 g Ingwer
100 g Zucker
Zimt (gemahlen)
500 g Zwetschken
50 g Marzipanrohmasse
Ribiselmarmelade zum
Bestreichen

1 Für den Teig Butter mit Mehl, Zucker, Backpulver und Ei rasch verkneten. Teig zu einer Kugel formen, in Frischhaltefolie einschlagen und gekühlt 30 Minuten ruhen lassen. Backofen auf 180 °C vorheizen.

2 Eine Tarteform mit Butter ausstreichen. Teig ausrollen und die Form damit auslegen, der Teig soll ein wenig über den Rand stehen. Form in den Ofen schieben und den Tarteboden etwa 10 Minuten vorbacken. Tarteboden abkühlen lassen.

3 Für den Belag 1 bis 2 EL vom Wein mit dem Puddingpulver glatt rühren. Ingwer schälen und in dicke Scheiben schneiden. Übrigen Wein mit Zucker und Ingwer aufkochen, aufgelöstes Puddingpulver einrühren und etwa 2 Minuten unter ständigem Rühren köcheln. Masse vom Herd nehmen, Ingwer aus der Creme nehmen. 1 Prise Zimt einrühren.

4 Zwetschken waschen, entkernen und in Spalten schneiden. Marzipan zwischen Frischhaltefolien legen und zu einem dünnen Boden in Größe der Form ausrollen. Tarteboden mit leicht erwärmter Ribiselmarmelade bestreichen und Marzipanboden darauflegen. Zwetschkenspalten dicht aneinander auf das Marzipan legen. Creme darauf verteilen. Tarte bei 180 °C etwa 45 Minuten backen.

5 Die Tarte ruhen lassen, bis die Creme fest geworden ist. Tarte in Stücke schneiden und beispielsweise mit Mandelobers servieren – dafür Schlagobers mit wenig Zucker und 1 guten Schuss Mandellikör cremig schlagen.

Vom Trocknen, Wursten, Rexen, Brennen

In der Vorratswerkstatt beginnt das Jahr mit Bärlauch und endet mit Speck.

Früchte und Beeren, Gemüse und Kräuter, Pilze und Wurzeln durchwandern im Lauf des Jahres die obauersche Wirtschaftsküche und enden in Gläsern, Flaschen oder unter der Decke. Ganz nach der alten Art wird auch gewurstet, was bei den Obauers auch schon die Jungen beherrschen: Lukas und Rudi Obauer der Jüngere. Auf den vorigen Seiten sieht man, wie Ellmer Lisi die Quintessenz aus Enzianwurzeln holt (ein rarer Tropfen, von dem nur solche wie die Obauers fallweise ein bisserl was kriegen können).

Walderdbeeren im Dezember und Kürbis im Mai – auch das gibt es im Restaurant Obauer. Doch die Früchte zur falschen Zeit werden nicht per Botendienst und Gastroservice vom anderen Ende der Welt herangeschafft, sondern kommen aus dem Kühlhaus, der Speis' oder aus dem Keller. In Form von Kompotten oder Eingelegtem, eingekocht, getrocknet oder sonstwie aromabewahrend konserviert. Denn die Obauers leben mit dem Land und den Saisonen und bringen die optimal gereiften Zutaten nicht nur auf die Teller, sondern stecken sie auch in Gläser, Flaschen, Krüge oder hängen sie unters Dach.

Mit schöner Regelmäßigkeit geht es in der Obauer-Küche ausgesprochen hauswirtschaftlich zu. Da werden steigenweise Früchte geputzt und gekocht, Liköre und Schnäpse angesetzt, Nüsse gebrochen und Kräuter gerebelt, Pilze getrocknet und Würste gewurstet. Wie in privaten Küchen oder auf Bauernhöfen, nur ist die Dimension ein wenig anders – die Marmeladen müssen schließlich für ein paar Tausend Frühstücke reichen, und ein paar hauchdünn geschnittene Blätter von den Lammwürsten kriegt ein jeder Gast als ersten Gruß aus der Küche.

FRÜHLINGSBEGINN MIT BÄRLAUCH, ERNTEDANK MIT VOGELBEEREN

Es gibt immer was zu tun, denn bevorratet wird bei Obauers eine Vielzahl an Delikatessen rund ums Jahr.

Ein neues Jahr beginnt mit dem Bärlauch, der zu würziger Paste verarbeitet wird. Es folgen Löwenzahnblüten, aus denen man bei Obauers »Honig« kocht. »Sehr gut zu Spargel und Erdbeerdesserts«, empfiehlt Rudi Obauer. Wer den »Honig« nachmachen will, zupft die Blätter von den Blüten, blanchiert sie und kocht sie so lange in Zuckersirup, bis die Masse dickflüssig ist.

Mit der Zubereitung von Brennnesselpaste, dem Trocknen von Morcheln und dem Verarbeiten von Tannenwipfeln zu Likören und Sirup geht es in den Sommer. Bevor der noch richtig angebrochen ist, müssen die grünen Nüsse in die Gläser und Flaschen. Die Kerne dürfen noch nicht verholzt sein, denn nur in diesem Zustand kann man daraus bekömmlichen Likör, kräftigenden Schnaps und die »Schwarzen Nüsse« machen, die so gut zu Wild und kräftigen Desserts passen.

Der Sommer bringt nicht nur eine Flut der süßesten Früchte, sondern auch allerlei Schätze aus den Wäldern. Allen voran die Pilze. Die festfleischigen werden auf traditionelle Art getrocknet. Darüber hinaus werden bei Obauers Essigpilze eingelagert. Steinpilze eignen sich dafür, aber auch Eierschwammerln. Besonders saftige Sorten, wie Trompetenpfifferling und Hallimasch, werden in Öl »eingeweckt«. Damit hat man für den Rest des Jahres schmückende und würzende Zutaten für Wildgerichte und kräftige Salate, und bei der Jause kommen die Pilze direkt von den Gläsern auf den Teller.

Der Sommer klingt mit tiefaromatischen Beeren und Früchten aus, die zum Beispiel beim Hollerkoch in Form von Hollerbeeren, Zwetschken und Äpfeln zueinander finden. Und spätestens zu dieser Zeit hängen auch schon buschenweise die Kräuter an luftigen, aber schattigen Plätzen zum Trocknen.

Der Erntedank wird bei Obauers mit dem Einlegen von Kürbis und dem Einkochen von Vogelbeeren, Sanddorn und Hagebutten begangen. Die dürfen erst nach dem ersten Frost geerntet werden. Bei den Vogelbeeren und Hagebutten hat das aromatische Gründe, beim Sanddorn küchentechnische, denn solange die Früchte nicht gefroren waren, lösen sie sich nur widerwillig von den Zweigen (wer der Natur ein wenig auf die Sprünge helfen will, kann den Sanddornzweigen mittels Tiefkühlgerät den Wintereinbruch simulieren).

Zum ersten Frost sind die Speisekammern mit Gläsern gut gefüllt. Für die Bauern ist die Feldarbeit vorbei, nach altem Brauch wird nun geschlachtet. Bei Obauers wird gleich darauf gepökelt, getrocknet und geselcht. »Am Speck«, sagt Karl Obauer, »kannst sehen, wie die Sau gewachsen ist und ob der Bauer von den Viechern was versteht.« Und weil man bei Obauers auch was von den Viechern versteht und mit ein paar Bauern gut Freund ist, die von den Viechern was verstehen, ist bei Obauers auch der Speck besonders gut.

BUTTERMILCH-KRÄUTER-DRESSING

Zutaten für ca. 400 ml
Haltbarkeit: gekühlt 1 Woche

7 Blätter Sauerampfer, ½ Bund Schnittlauch, ¼ l Buttermilch, 2 EL Weißweinessig, 3 EL Olivenöl, 1 EL Sauerrahm, 1 Spritzer Hollersaft, 1 EL frisch geriebener Kren, 1 EL Dijon-Senf, Salz

Sauerampfer und Schnittlauch klein schneiden. Alle Zutaten in der Küchenmaschine ganz fein mixen.
Passt zu jeder Sorte Blattsalat.

BRENNNESSELPASTE

Zutaten für ca. ½ l
Haltbarkeit: gekühlt 1 Woche

5 l Brennnesselspitzen, Salz

1 Mit Handschuhen, Schere und Kübel ausgerüstet, Brennnesselspitzen sammeln (man benötigt 5 l locker im Kübel liegend).
2 Brennnesseln in gut gesalzenem Wasser etwa 4 Minuten kochen. In reichlich eiskaltem Wasser (mit Eiswürfeln) abschrecken, leicht ausdrücken und hochtourig fein mixen.
Paste eignet sich zur Verfeinerung von Suppen, Mayonnaisen, Dressings, Gemüsesalat sowie Saucen (z.B. Buttersauce zu Saibling oder Kalbfleisch).

BRENNNESSELPESTO

Zutaten für 300 g
Haltbarkeit: gekühlt 1 Woche

5 EL geriebene Mandeln, 2 EL Haferflocken, 2 EL geriebener würziger Hartkäse (z.B. gut gereifter Bergkäse), 120 g Brennnesselpaste *(siehe oben)*, 1 EL Honig, Salz

1 Mandeln und Haferflocken in einer Pfanne ohne Zugabe von Fett leicht rösten.
2 Alle Zutaten in der Küchenmaschine oder im Mörser zu einem Pesto verarbeiten. Mit Salz abschmecken.
Auf getoastetem Schwarzbrot zur Jause servieren, passt auch auf Nudeln und zu gegrilltem Fisch oder Fleisch.

LIEBSTÖCKELWÜRZE

Zutaten für ca. 2 l
Haltbarkeit: gekühlt 6 Monate

350 g Liebstöckel, 5 g schwarze Pfefferkörner, 25 g Estragonblätter, 25 g Zitronenmelisseblätter, 90 g Salz, 75 g Zucker, 5 g Senfkörner, 30 g Reis

1 Liebstöckel waschen und grob schneiden. Pfefferkörner zerdrücken oder grob mahlen. Liebstöckel mit Pfeffer und den restlichen Zutaten in 2 l kaltem Wasser in einem Topf aufsetzen und zugedeckt etwa 2 Stunden an einen warmen Ort stellen.
2 Kräutermischung aufkochen und unter dem Siedepunkt etwa 10 Minuten ziehen lassen.
3 Abseihen, in Flaschen füllen und im Backofen sterilisieren.
Diese Würze ist überall dort einsetzbar, wo man an »Maggi« denken würde.

SALBEIPULVER UND SALBEISIRUP

Zutaten für ca. ¾ l Sirup
Haltbarkeit: 1 Jahr

Für den Sirup: 750 g Zucker, Saft von 2 Zitronen oder 1 TL Zitronensäure, 1 Handvoll Salbeiblätter
Für das Pulver: Salbeizweige

1 Für den Sirup ½ l Wasser mit Zucker und Zitronensaft aufkochen. Salbei einlegen, Topf zudecken und vom Herd nehmen. Salbei im Sirup etwa 1 Stunde ziehen lassen. Sirup durch ein Sieb gießen.
2 Für das Pulver Salbei zu lockeren Büscheln binden und an einem luftigen, schattigen Ort aufhängen, bis die Salbeiblätter staubtrocken sind. Salbeiblätter von den Stängeln zupfen und in einem Mörser möglichst fein zerreiben.
Salbeisirup ist eine schmackhafte Zutat für Obstsalate, eine exotisch anmutende Zugabe zu Cocktails mit Champagner oder Schilchersekt und ein bekömmlicher Süßstoff für Tee. Salbeipulver gibt beispielsweise Topfenaufstrich und Biskuit eine raffinierte Würze.

SELLERIESALZ

Zutaten für ca. 1 kg
Haltbarkeit: unbegrenzt

1 große Knolle Sellerie, 1 kg grobes Meersalz

1 Backofen auf 200 °C vorheizen. Sellerie waschen und ungeschält in Würfel schneiden. Selleriestücke mit Salz in einem großen Bräter oder auf einem Backblech vermischen – das Salz sollte etwa 1 cm hoch aufgeschüttet sein.
2 Sellerie-Salz-Mischung in den Ofen schieben und so lange im Ofen lassen, bis das Salz, das zuerst Saft aus dem Sellerie zieht, wieder trocken ist – es dauert etwa 1 Stunde. Währenddessen Sellerie und Salz öfters wenden und vermischen.

3 Salz und Sellerie abkühlen lassen. Sellerie aus dem Salz klauben. Salz in einer Küchenmaschine auf die gewünschte Körnung zerkleinern. Salz in verschlossenen Gläsern lagern.
Dieses Salz ist eine vielfältig einsetzbare Streuwürze. Auf die gleiche Art kann man Kräutersalz erzeugen. Dafür 100 g getrocknete Kräuter (ohne Stängel) auf 1 kg Salz verwenden und nur 20 Minuten mit dem Salz erhitzen. Die Kräuter werden mit dem Salz zerkleinert. Für Kräutersalz eignen sich besonders gut Oregano, Quendel, Zitronenthymian, Bohnenkraut und wilde Minze.

RINDFLEISCHAUFSTRICH
Zutaten für ca. 1,5 kg
Haltbarkeit: gekühlt 2 Wochen

750 g Rindsbrust, 4 Knoblauchzehen, 2 Zwiebeln, Salz, 250 g geräuchertes Rindfleisch, 300 g Butter, ½ TL grob gemahlene schwarze Pfefferkörner, ¼ l Maiskeimöl, Bärlauch- oder Brennnesselpaste *(siehe Seite 230)*, Cayennepfeffer, 150 g Sauerrahm, 150 g Schlagobers

1 Rindsbrust in Stücke schneiden. Knoblauch schälen und in Scheiben schneiden. Zwiebeln schälen und in Stücke schneiden. Alles in einen Topf geben und so viel Wasser zugießen, dass das Fleisch bedeckt ist. Wasser gut salzen und Fleisch zugedeckt etwa 1½ Stunden kochen. Wasser abgießen.
2 Geräuchertes Rindfleisch in Stücke schneiden. Butter in einem Topf erhitzen, bis sie eine nussbraune Farbe annimmt, und sofort in einen kalten Topf

gießen, damit die Molke der Butter nicht verbrennt.
3 Fleisch und Räucherfleisch mit Pfeffer, brauner Butter, Öl, Bärlauch- oder Brennnesselpaste, 1 guten Prise Cayennepfeffer, Rahm und Obers zu einem glatten Aufstrich mixen. Mit Salz abschmecken und gekühlt lagern.
Passt zur Jause, aber auch auf Brot gestrichen als Beilage zu kräftigen Suppen, wie zur Schottensuppe (Seite 118) oder der Safran-Erdäpfel-Suppe (Seite 53).

EINGEWECKTE HALLIMASCH
Zutaten für ca. 1 kg
Haltbarkeit: kühl und dunkel 6 Monate

1 kg Hallimasch, 1 Knoblauchzehe, ¼ l Olivenöl, 20 g Salz, 1 Msp. grob gemahlener schwarzer Pfeffer, 40 g Zucker, 2 EL Weißweinessig, etwas fein geschnittenes Bohnenkraut

1 Pilze putzen und mit den Stielen in Stücke schneiden. Knoblauch schälen und in Scheiben schneiden. Öl mit Knoblauch erhitzen, Pilze einrühren und etwa 2 Minuten zugedeckt garen. Salz, Pfeffer, Zucker, Essig, Zucker und etwas Bohnenkraut einrühren.
2 Pilze im zugedeckten Topf etwa 5 Minuten köcheln. In sterilisierte Gläser füllen und vor dem Genuss mindestens 1 Woche stehen lassen.
Passt zu Wildgerichten, geräuchertem Fleisch oder zu Maroni und Quitten. Auf die gleiche Art lassen sich auch andere festfleischige Pilze konservieren.

ESSIGSTEINPILZE
Zutaten für ca. 2 kg
Haltbarkeit: kühl 6 Monate

2 kg Steinpilze, 2 EL Salz, Weißweinessig, Lorbeerblätter, Pfefferkörner, Senfkörner, Maiskeimöl

1 Pilze putzen und in Würfel oder Spalten schneiden.
2 In einem Topf 2 l Salzwasser aufkochen. Pilze darin etwa 5 Minuten köcheln, dabei aufsteigenden Schaum abschöpfen.
3 Pilze aus dem Fond heben und mit so viel Essig begießen, dass sie bedeckt sind. Etwa 24 Stunden ziehen lassen.
4 Pilze aus dem Essig heben (den Essig für Marinaden verwenden) und in sterilisierte Gläser legen. In jedes Glas 1 kleines Lorbeerblatt sowie ein paar Pfeffer- und Senfkörner geben. Mit Maiskeimöl bedeckend aufgießen und verschließen.
Essigpilze passen auf den Jausentisch und harmonieren mit gebeiztem oder gedämpftem Fisch. Auch andere Pilze lassen sich so konservieren. Mit dem Fond vom Überkochen der Pilze können Sie Erdäpfelsuppen verfeinern.

PAPRIKAMARMELADE
Zutaten für ca. 4,5 kg
Haltbarkeit: kühl 6 Monate

ca. 4 kg rote Paprikaschoten, 1,2 kg Gelierzucker (2:1), 1 geh. TL Cayennepfeffer, ½ EL Zitronensäure

1 Paprika putzen, entkernen und in Stücke schneiden – man benötigt davon 3,5 kg. Paprika mit den restlichen Zutaten vermischen und mindestens 12 Stunden ziehen lassen.

2 Anschließend ½ l Wasser zu den Paprika gießen. Etwa 45 Minuten köcheln, pürieren und heiß in Gläser füllen.
Passt zu Frischkäse, zu Frühlingsgemüse wie Kohlrabi, zum Karfiol, zu geräuchertem Fleisch und zu Zitroneneis.

EINGELEGTE PFEFFERONI

Zutaten für ca. 4 l
Haltbarkeit: 1 Jahr

2 kg Pfefferoni, 2 l Weißwein- oder Estragonessig, 650 g Zucker, 20 g Salz, Estragonzweige und/oder kleine Lorbeerblätter

1 Pfefferoni waschen und anhaftende Blätter entfernen, die Stängel können an den Schoten bleiben.
2 Restliche Zutaten außer Lorbeerblätter und Estragon mit 2 l Wasser aufkochen.
3 Pfefferoni in den Topf geben, so beschweren, dass die Pfefferoni von der Marinade bedeckt sind – etwa indem man einen passenden Deckel oder Teller in den Topf legt und darauf einen Stapel kleiner Teller stellt. Topf abdecken, Pfefferoni in der Marinade auskühlen lassen (am besten über Nacht).
4 Pfefferoni aus der Marinade heben. Marinade aufkochen, Pfefferoni einlegen und die Pfefferoni nochmals wie oben beschrieben marinieren, bis die Marinade abgekühlt ist.
5 Pfefferoni aus der Marinade heben und in sterilisierte Gläser legen. In jedes Glas 1 Zweig Estragon und/oder 1 Lorbeerblatt geben.

6 Marinade aufkochen und kochend heiß in die Gläsern gießen. Gläser sofort verschließen. Eingelegte Pfefferoni vor dem Genuss mindestens 2 Wochen lagern.
Nach der gleichen Methode kann man auch kleine Essiggurken oder Kirschtomaten einlegen. Tomaten vor dem Marinieren mit einer Nadel oder einem dünnen Spieß ein paarmal einstechen und nur einmal in die kochende Marinade legen, dann in Gläser geben und kochend heiß aufgießen.

KÜRBIS SÜSSSAUER

Zutaten für ca. 4 l
Haltbarkeit: 1 Jahr

ca. 4 kg Muskatkürbis, 60 g Ingwer, abgeriebene Schale von 3 unbehandelten Orangen, 200 g Zucker, 35 g Salz, 5 g Kurkuma, 5 g Curry, 2 g Cayennepfeffer, 2 g Safran, 15 Gewürznelken, 15 g Pfefferkörner, 5 cm Zimtstange, 2 EL Essigessenz

1 Kürbis in Stücke schneiden, entkernen und schälen – die restlichen Zutaten sind für 2,5 kg reines Kürbisfleisch.
2 Kürbis in Würfel von etwa 1 cm Kantenlänge schneiden. Ingwer in Scheiben schneiden. Kürbis und alle anderen Zutaten (außer Essigessenz) in 2 l kaltem Wasser aufsetzen. Aufkochen und 2 Minuten köcheln lassen. Essigessenz einrühren.
3 Kürbis heiß in Gläser füllen und vor dem Genuss mindestens 2 Wochen gekühlt lagern.
Diesen Kürbis serviert man am besten zu kaltem Fleisch, zu Geräuchertem oder zu Grillgerichten.

GEWÜRZNÜSSE

Zutaten für ca. 500 g
Haltbarkeit: 1 Jahr

2 Eiklar, 500 g Haselnusskerne (mit der Haut), 30 g Paprikapulver (edelsüß), 20 g Salz, 10 g Currypulver, 10 g Zucker, 5 g Cayennepfeffer

1 Eiklar verquirlen und mit den restlichen Zutaten vermischen.
2 Nüsse auf einem mit Backtrennpapier belegten Blech locker verteilen. Im Backofen bei 200 °C etwa 20 Minuten unter mehrmaligem Wenden rösten. Abkühlen lassen.
Passt zum Aperitif, zum Käse, zur Jause, zum übernächsten Fußball-Weltmeisterschaftsfinale (Deutschland gegen Österreich). Rezept ist auch für Mandeln geeignet.

APFELGELEE

Zutaten für ca. 2 kg
Haltbarkeit: 1 Jahr

¾ l Apfelsaft, 1 kg Gelierzucker (2:1), Saft von 1 Zitrone

Alle Zutaten mit ¼ l Wasser etwa 18 Minuten köcheln. Heiß in sterilisierte Gläser füllen.
Passt zu Frischkäse, Frühlingsgemüse (z. B. Kohlrabi, junge Erbsen), Karfiol, geräuchertem Fleisch und zu Milcheis.

BROMBEERGELEE

Zutaten für ca. 1,5 kg
Haltbarkeit: 1 Jahr

1 kg Brombeeren, 800 g Gelierzucker (2:1)

1 Beeren mit Zucker vermischt etwa 12 Stunden ziehen lassen.
2 Beeren mit Zucker aufkochen, durch ein Sieb streichen, noch-

mals erhitzen und heiß in sterilisierte Gläser füllen.
Eine Beilage zu Desserts und Wildgerichten. Auch für das Abschmecken von Saucen. Ebenso kann man Stachelbeer- und Ribiselgelee zubereiten.

KANDIERTE GRAPEFRUITS

Zutaten für ca. 2 kg
Haltbarkeit: gekühlt 6 Monate

6 unbehandelte Grapefruits,
500 g Traubenzucker, 500 g Zucker

1 Grapefruits waschen und in viel Wasser kochen, bis sich die Schalen leicht anstechen lassen. Grapefruits aus dem Wasser heben, abkühlen lassen und in Spalten schneiden.
2 Beide Sorten Zucker mit so viel Wasser vermischen, dass eine dickflüssige Masse entsteht. Mischung zum Sirup kochen. Grapefruitspalten einlegen und bei schwacher Hitze köcheln, bis die Schalen glasig wirken.
Die Grapefruits passen zu Wild- und Lebergerichten, können aber nach dem Abkühlen auch in Zucker gewendet und für Desserts verwendet werden.

PREISELBEERMARMELADE

Zutaten für ca. 1,4 kg
Haltbarkeit: 1 Jahr

1 kg Preiselbeeren, 400 g Zucker

1 Preiselbeeren putzen (Blätter ausklauben), mit Zucker mischen und zugedeckt mindestens 30 Minuten ziehen lassen.
2 Beeren in einen Topf geben und etwa 10 Minuten köcheln. Währenddessen den aufsteigen-

den Schaum abschöpfen. Beeren heiß in Gläser füllen.
Passt zu Wildgerichten und Desserts. Der Schaum kann als Dekoration von Desserts und Gerichten mit Leber verwendet werden.

PREISELBEERSAFT

Zutaten für ca. 1 l
Haltbarkeit: gekühlt 6 Monate

1 kg säuerliche Äpfel (z.B. Elstar), 2 kg Preiselbeeren, 500 g Zucker

Äpfel waschen, Kerngehäuse ausstechen, Äpfel in Scheiben schneiden und mit den restlichen Zutaten sowie 1 l Wasser im Dampfentsafter entsaften.
Für Aperitifs, als Garnitur für Eis oder Pudding. In der ungezuckerten Variante für Risotti.

EINGEWECKTE QUITTEN

Zutaten für ca. 2 l
Haltbarkeit: 1 Jahr

ca. 1 kg Quitten, ca. ½ TL schwarze Pfefferkörner, 600 g Zucker, 1 g Zitronensäure, 1 cm Zimtstange, 1 Sternanis, 2 Gewürznelken

1 Quitten schälen, Kerngehäuse ausschneiden und die Quitten in etwa 5 mm dicke Scheiben schneiden – man benötigt davon 600 g, Quitten und Zucker sollten gleich schwer sein.
2 Pfefferkörner grob zerdrücken. Alle Zutaten mit 1 l Wasser sanft köcheln, bis die Quitten weich sind.
3 Quitten und Saft kochend heiß in Einmachgläser füllen und sofort verschließen.
Diese Quitten passen zu Wild, schwerem Geflügel oder zu süßen Schmarren.

ZWETSCHKENKOMPOTT

Zutaten für ca. 3½ l
Haltbarkeit: 1 Jahr

1,2 kg Zwetschken, 200 g Gelierzucker (2:1), 1 l Rotwein, 1 l Apfelsaft, ca. 5 cm Zimtstange, 2 Gewürznelken, 3 Kardamomkapseln

1 Zwetschken waschen, halbieren, entkernen und möglichst dicht in Einmachgläser legen.
2 Restliche Zutaten mit 1 l Wasser aufkochen und kochend heiß auf die Zwetschken gießen. Gläser sofort verschließen.
Zwetschkenkompott ist ein schmackhaftes Dessert und passt als Beilage zu süßen Schmarren.

SCHWARZE NÜSSE

Zutaten für ca. 1,2 kg
Haltbarkeit: 1 Jahr

500 g grüne Walnüsse (der Kern muss noch weich sein; im Zweifelsfall zur Probe mit einer Nadel einstechen), 620 g Zucker, 3 Gewürznelken, ca. 10 cm Zimtstange, 1 Sternanis, 60 g Glukosesirup

1 Nüsse kalt waschen und rundherum mit einer Nadel mehrfach tief einstechen. Nüsse in kaltes Wasser legen und etwa 4 Tage wässern. Das Wasser während dieser Zeit mindestens zweimal täglich wechseln.
2 Nüsse in reichlich frischem Wasser weich kochen (dauert etwa 1½ Stunden). Abseihen und gut abtropfen lassen.
3 500 g Zucker mit ½ l Wasser aufkochen. Nüsse und Gewürze einlegen. Nüsse aufkochen, Topf vom Herd nehmen und die Nüsse im Sirup mindestens 12 Stunden ziehen lassen.

4 Nüsse aus dem Sirup heben; der Sirup sollte 45 Grad nach Baumé aufweisen, also Fäden ziehen. Sirup mit dem restlichen Zucker erneut aufkochen, von der Hitze nehmen und Glukosesirup einrühren.

5 Nüsse in Gläser füllen und mit heißem Sirup aufgießen. Gläser verschließen.

6 Nach ein paar Tagen die Konsistenz des Sirups kontrollieren, die zwischen dickem Zuckerwasser und Honig liegen sollte. Falls der Sirup zu dünn ist, Nüsse aus den Gläsern nehmen und den Sirup zur erforderlichen Konsistenz einkochen.

7 Nüsse vor dem Genuss mindestens 3 Monate reifen lassen (im Spätfrühling einkochen, im Herbst und Winter verspeisen). *Schwarze Nüsse sind eine kostbare Beilage zu Wildgerichten und Gerichten mit dunklem Fleisch. Sie passen auch zu würzigem Käse und Desserts. Vor dem Servieren am besten in Scheiben schneiden.*

VOGELBEERMARMELADE
Zutaten für ca. 2 kg
Haltbarkeit: 1 Jahr

1 kg Vogelbeeren, 800 g Zucker

1 Vogelbeeren waschen, rebeln und die Blätter ausklauben.

2 Zucker in 300 ml Wasser auflösen und kochen, bis die Mischung zähflüssig ist – der Zucker soll jedoch farblos bleiben.

3 Beeren mit dem eingekochten Zucker verrühren, einmal aufkochen und in Gläser füllen. *Vogelbeermarmelade schmeckt zu schwerem Geflügel, Wildgerichten und reifem Käse.*

HOLLERKRACHERL
Zutaten für ca. 6 ½ l
Haltbarkeit: gekühlt 2 Wochen

2 unbehandelte Zitronen, 15 Hollerblütendolden, 500 g Zucker, ¼ l Weißweinessig

1 Zitronen waschen und in Scheiben schneiden. Alle Zutaten mit 6 l Wasser vermischen, in große Flaschen oder einen Glasballon geben und verschlossen an einem sonnigen Platz je nach Sonnenintensität 2 bis 5 Tage ziehen lassen.

2 Zucker aufrühren, Flüssigkeit durch ein Sieb gießen, in Flaschen füllen und mindestens ein paar Tage stehen lassen. *Dieses Erfrischungsgetränk eignet sich auch für die Komposition von sommerlichen Cocktails.*

KRÄUTERLIKÖR
Zutaten für ca. 2 ½ l
Haltbarkeit: unbegrenzt

½ l reiner Alkohol (aus der Apotheke), 1 kg Zucker, 2 Handvoll Quendelzweige *(siehe Seite 25)*, 2 Handvoll Zitronenthymianzweige, ½ Handvoll Rosenblütenblätter, ½ Handvoll Zitronenmelisseblätter, ½ Handvoll Minzeblätter

1 Alle Zutaten mit 1 l Wasser vermischen, in eine große Flasche geben und verschlossen an einem hellen Platz, aber nicht in der prallen Sonne, etwa 3 Wochen ziehen lassen.

2 Likör durch ein feines Sieb in Flaschen gießen, verschließen. *Ein Medikament! Passt als Aperitif, zum Eis, aber auch als Zutat für Kompotte und zum Parfümieren von Obers und Cremen.*

LATSCHENWIPFEL-SCHNAPS
Zutaten für ca. 3 ½ l
Haltbarkeit: unbegrenzt

450 g in Saft stehende Latschenwipfel, 3 l Obstler, ½ l Nussschnaps, ca. 10 cm Zimtstange, ca. 10 cm Süßholzwurzel, 1 TL Fenchelsamen, 4 Sternanis, 8 Wacholderbeeren, 1 g Gebirgswermut, ein paar Stängel Zitronenthymian

1 Alle Zutaten in Flaschen oder einen Glasballon geben und verschlossen an einem hellen, aber nicht sonnigen Platz etwa 9 Monate ziehen lassen.

2 Schnaps durch ein feines Sieb gießen und verschlossen lagern. *Ein Medikament! Auch gut für Desserts mit Eis, zum Abschmecken von Wildsaucen und in Marinaden für kräftige Salate.*

ZIRBENSCHNAPS
Zutaten für ca. 4 l
Haltbarkeit: unbegrenzt

6 Zirbenzapfen, 1 Vanilleschote, 3 l Obstler, ½ l Wacholderschnaps (Gin), ½ l Wodka, 1 Sternanis, 2 Handvoll Kräuter (z.B. Zitronenthymian, Verbene, Ananaskraut)

1 Zapfen in Scheiben schneiden, Vanilleschote der Länge nach aufschneiden. Alle Zutaten in große Flaschen oder einen Glasballon geben und verschlossen an einem hellen Platz (aber nicht in der Sonne) etwa 6 Monate ziehen lassen.

2 Schnaps durch ein feines Sieb gießen und verschlossen lagern. *Ein Medikament! Auch als Zutat für Eisparfait und zum Abschmecken von Wildgerichten geeignet.*

TRADITION OBAUER

Klassiker der Landlust-Küche

Noch mehr Rezepte für das schmackhafte Kochen im Landart-Stil von Karl und Rudi Obauer – bereits zuvor veröffentlicht, doch immer wieder gern gekocht.

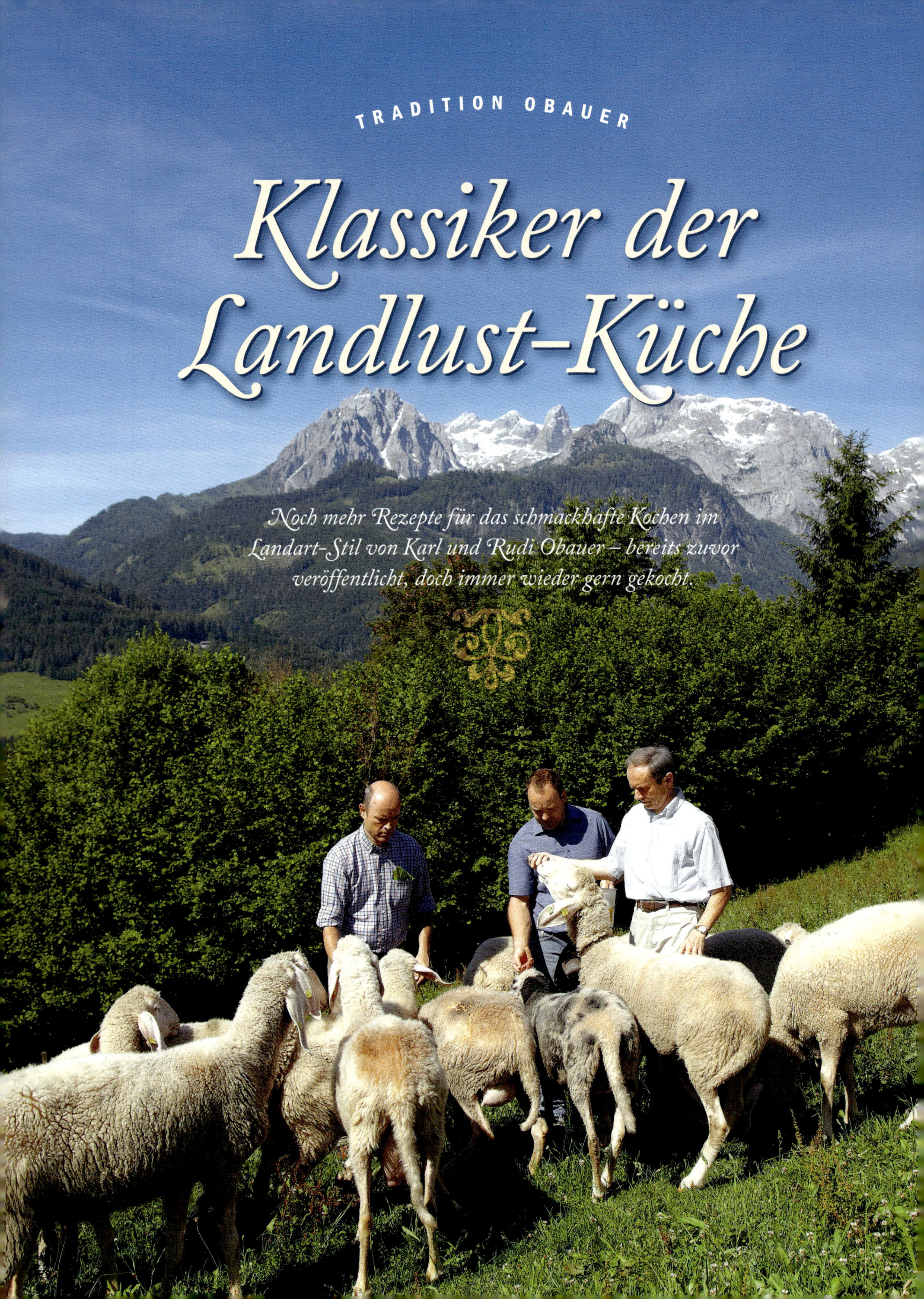

FORELLENSTRUDEL
Zutaten für 12 Portionen

6 Forellenfilets, 250 g Schlagobers, 1 Ei, Salz, Pfeffer, Zitronensaft, 300 g Champignons, 170 g Crème fraîche, 1 Pck. Strudelteig (4 Blätter), Ei zum Bestreichen, Butter
Für die Sauce: 1 Paradeiser, 2 Schalotten, 50 g Champignons, 125 g Schlagobers, 150 ml Fischfond, ⅛ l Weißwein, 70 ml trockener Wermut, Butter, Salz, Pfeffer, Zitronensaft

1 Zwei Forellenfilets klein schneiden. Restliche Filets in je 3 Stücke schneiden. Kleingeschnittene Filets mit Obers, Ei, Salz, Pfeffer und Zitronensaft in einer Küchenmaschine zu einer Farce verarbeiten – alle Zutaten müssen gut gekühlt sein.
2 Champignons putzen, fein hacken und mit Crème fraîche kochen, bis eine dicke Masse entsteht. Mit Salz, Pfeffer und Zitronensaft abschmecken.
3 Backofen auf 220 °C vorheizen. Strudelteig in Quadrate schneiden. Auf die Hälfte jedes Strudelstücks Farce auftragen, darauf eine Schicht Champignonpüree geben, darauf 1 Stück Forellenfilet legen. Mit Farce und Champignonpüree abschließen. Teigränder mit verquirltem Ei bestreichen und über die Fülle schlagen.
4 Strudel auf ein mit Butter bestrichenes Backblech legen und im Ofen 12 Minuten backen.
5 Für die Sauce Paradeiser blanchieren, schälen, entkernen und klein schneiden. Schalotten schälen und hacken. Champignons putzen und hacken. Obers mit Fond, Wein, Wermut, Schalotten, Paradeiser und Champignons kochen, bis die Flüssigkeit auf die Hälfte reduziert ist. Sauce durch ein Sieb gießen, ein wenig Butter einmixen, mit Salz, Pfeffer und Zitronensaft abschmecken.
6 Strudel mit Sauce servieren.

BERGKÄSE-EIERSTICH
Zutaten für 10 Portionen

120 g milder Bergkäse, 1 Knoblauchzehe, ¼ l Milch, 250 g Schlagobers, 4 Eidotter, 4 Eier, Muskatnuss, Salz, Pfeffer, etwas Butter

1 Käse fein reiben. Knoblauch pressen. Alle Zutaten mit dem Schneebesen über Dampf so lange rühren, bis der Käse geschmolzen ist (nicht länger).
2 Eine Terrinenform mit Butter ausstreichen. Masse einfüllen und im Wasserbad bei 170 °C im Backofen etwa 40 Minuten garen (Lippenprobe: Eine dicke Nadel in die Masse stechen und ein paar Sekunden darin stecken lassen. Wenn sich die Nadel an der Stelle, wo sie in der Mitte der Masse war, an den Lippen lauwarm anfühlt, ist die Masse ausreichend gegart).
3 Eierstich nockerlförmig ausstechen oder auskühlen lassen und in Scheiben schneiden.

SAUHAXL-RAGOUT MIT SAUBOHNEN
Zutaten für 4 Portionen

6 Sauhaxln, 2 EL Schweineschmalz, 1 Knoblauchknolle, 1 Lorbeerblatt, 1 TL schwarze Pfefferkörner, Salz, 4 Hühnerkeulen (ohne Haut), 1,5 kg Saubohnen, 2 EL Crème fraîche, Estragonessig, Pfeffer, Butter, Kräuter (z.B. Petersilie und Majoran)

1 Backofen auf 220 °C vorheizen. Haxln waschen, mit Schmalz auf ein Blech legen und im Ofen braun braten. Knoblauch halbieren. Haxln und Knoblauch mit Lorbeerblatt und Pfefferkörnern in gesalzenem

»30 Jahre Forellenstrudel, heut' so gut wie am ersten Tag«, SAGT SOUS-CHEF PETER, SEIT 30 JAHREN BEI OBAUER UND AUCH STRUDELMEISTER.

Wasser etwa 2½ Stunden köcheln, bis sich die Haxln leicht von den Knochen lösen lassen.

2   Nach etwa 2 Stunden Garzeit die Hühnerkeulen dazugeben und etwa 30 Minuten mitköcheln. Haxln und Keulen aus dem Fond heben und in kaltes Wasser legen. Fleisch beziehungsweise Schwarten von den Knochen klauben und in kleine Stücke schneiden.

3   Bohnen aus den Schoten brechen, in gesalzenem Wasser blanchieren und abschrecken. Haut der Bohnen abzupfen.

4   Vom Haxlfond ¼ l mit Crème fraîche, 1 Spritzer Essig, Salz und Pfeffer aufkochen. So viel kalte Butter einrühren, dass die Sauce leicht bindet.

5   Haxln und Saubohnen mit der Sauce verrühren. Kräuter hacken und reichlich davon in das Ragout rühren. Als Beilage passen heurige Erdäpfel.

»Diese Blunzntascherln stecken alle anderen Blunzn in die Taschen«,
SAGT JULIAN, DER DIE BLUNZN FEST IM GRIFF HAT.

BLUNZNTASCHERLN MIT GERSTELKRAUT

Zutaten für 4 Portionen

Für die Tascherln: 400 g Nudelteig *(siehe Seite 125)*, 400 g Blunzn (Blutwurst), Salz, Kürbiskernöl
Für das Kraut: 1 kleine Zwiebel, 1 Knoblauchzehe, 1 EL Schweineschmalz, 1 TL Zucker, 120 ml Weißwein, ¼ l Rindssuppe, 3 EL Rollgerste, 1 Lorbeerblatt, 1 Gewürznelke, 5 Pfefferkörner, 1 Prise Kümmel, 500 g Sauerkraut, 1 Erdapfel, Salz, Pfeffer

1   Für das Kraut Zwiebel und Knoblauch schälen, klein schneiden, in Schmalz mit Zucker anschwitzen und mit Wein und Suppe aufgießen. Gerste dazugeben und alles 15 Minuten sieden.

2   Lorbeerblatt, Nelke, Pfeffer und Kümmel in ein Tuch binden. Sauerkraut und Gewürzsäckchen zur Gerste geben und nochmals 30 Minuten köcheln. Geschälten Erdapfel fein reiben und unterrühren, alles mit Salz und Pfeffer abschmecken.

3   Nudelteig dünn ausrollen. Blunzn enthäuten, in fingerdicke Scheiben schneiden und in Abständen von 4 cm auf den Teig legen. Teig darüberschlagen. Tascherln ausstechen, Ränder festdrücken. Tascherln in gesalzenem Wasser etwa 5 Minuten köcheln.

4   Die Blunzntascherln auf dem Gerstelkraut anrichten und mit Kernöl beträufeln.

Statt Blutwurst kann man für diese Tascherln auch sehr gut die im vorigen Rezept beschriebenen Sauhaxln verwenden.

BEIRIEDSUPPE MIT BUTTERNOCKERLN

Zutaten für 4 Portionen

Für die Suppe: 2 kg Rindsknochen, 1 Rieddeckel (ca. 1 kg), 4 Karotten, 2 Petersilienwurzeln, 60 g Knollensellerie, 2 Zwiebeln, Liebstöckel, 10 Pfefferkörner, 1 Lorbeerblatt, 5 Korianderkapseln, 200 g Beiried
Für die Nockerln: 4 Eier, 100 g Butter, Salz, 200 g glattes Mehl

1   Knochen hacken, in siedendes Wasser geben und aufkochen. Knochen abseihen, in kaltem Wasser aufsetzen, aufkochen und den Schaum abschöpfen.

2   Rieddeckel waschen. Gemüse putzen und in Stücke schneiden. Rieddeckel, Gemüse, 2 Zweige Liebstöckel und Gewürze zu den siedenden Knochen geben und etwa 5 Stunden köcheln.

3   Für die Nockerln Eier in Dotter und Klar trennen. Butter mit 1 Prise Salz glatt rühren, nach und nach Dotter einrüh-

ren. Mehl einarbeiten. Klar zu Schnee schlagen und unter den Butterabtrieb heben.

4 Buttermasse mit einem Löffel ausstechen und in der hohlen Hand zu Nockerln formen. Nockerln in gesalzenes Wasser legen und knapp unter dem Siedepunkt zugedeckt etwa 10 Minuten garen. Eiswürfel dazugeben und Deckel auflegen. Bis zur Verwendung im Topf lassen.

5 Beiried in dünne Scheiben schneiden. Nockerln in Teller geben und mit Fleisch belegen. Heiße Suppe darübergießen. Rieddeckel in Scheiben schneiden und in die Suppe legen. Mit Schnittlauch bestreut servieren.

RINDSKOTELETT MIT BLAUBURGUNDERSAUCE
Zutaten für 4 Portionen

2 Rindskoteletts (à 1 kg, bestens abgehangen), Salz, schwarzer Pfeffer, Pflanzenöl, Butter, 4 Knoblauchzehen, Rosmarin, Liebstöckel

»Es gibt keine blöden Rindviecher, wenn sie gut gebraten sind«, SAGT RUDI DER JÜNGERE, EIN KÜCHENPHILOSOPH.

Für die Sauce: 5 Schalotten, 5 Champignons, ¾ l Blauburgunder, 120 ml Portwein, 120 ml Madeira, 60 ml Balsamessig, Estragonessig, Zucker, kalte Butter, Salz, Pfeffer.

1 Backofen auf 220 °C vorheizen. Fleisch salzen und mit grob gestoßenem Pfeffer würzen. In einer ofenfesten Pfanne 1 EL Öl und 2 EL Butter erhitzen. Fleisch auf allen Seiten darin anbraten. Knoblauch in der Schale und 1 Zweig Rosmarin dazugeben. Fleisch im Ofen etwa 25 Minuten braten; die Kerntemperatur sollte knapp unter 60 °C erreichen.

2 Für die Sauce Schalotten schälen und Champignons putzen. Schalotten und Champignons in Scheiben schneiden und mit Wein, Portwein, Madeira, Essig und 2 EL Zucker kochen, bis die Flüssigkeit auf 120 ml reduziert ist. Saft durch ein Sieb seihen und durch Einrüh-

ren von kalter Butter leicht binden. Mit Salz und Pfeffer abschmecken.

3 Koteletts aus dem Ofen nehmen. Fleisch von den Knochen schneiden. Die äußere Seite (den Rieddeckel) ablösen und in kleine Würfel schneiden. Diese Würfel mit etwas Sauce und 1 kleinen Schuss Wasser in einen Topf geben und etwa 10 Minuten dünsten – die Herzstücke der Koteletts mittlerweile warm halten. Rieddeckelragout salzen, pfeffern und mit fein geschnittenem Liebstöckel abschmecken.

4 Rest der Koteletts in dünne Scheiben schneiden, auf Teller legen, Ragout daraufhäufeln und mit Sauce begießen. Dazu passt Erdäpfelgratin.

LAMMKEULE MIT BOHNEN
Zutaten für 6 Portionen

150 g Käferbohnen, 1 gut abgehangene Lammkeule (1,8–2 kg, ohne Stelze), 60 g Oliven, Rosmarin, Ysop, Salbei, Knoblauch, Salz, Pfeffer, ca. 6 EL Olivenöl, ¼ l trockener Weißwein, 6 Ochsenherzparadeiser, Küchengarn

1 Bohnen in Wasser legen und 1 Tag einweichen lassen.

2 Bohnen mit dem Einweichwasser aufsetzen, falls verfügbar, 1 Stück Schinkenschwarte dazugeben. Bohnen etwa 1 Stunde kochen, bis sie fast weich sind. Bohnen abseihen.

3 Backofen auf 220 °C vorheizen. Von der Lammkeule den großen Knochen auslösen. Oliven hacken. Rosmarin, Ysop und

Salbei hacken beziehungsweise fein schneiden, man benötigt davon jeweils etwa 1 EL voll. Aus 5 EL Olivenöl, Oliven, Kräutern und gepresstem Knoblauch im Mörser eine Paste reiben. Innenseite der Keule mit dieser Paste bestreichen. Keule binden, außen mit Salz, Pfeffer und Olivenöl einreiben.

4 Lammkeule mit 6 ungeschälten Knoblauchzehen in einen Bräter legen und im Ofen anbraten. Nach 30 Minuten die Hitze auf 190 °C reduzieren. Keule mit Wein untergießen und während des weiteren Bratens immer wieder mit dem Saft übergießen. Nach etwa 45 Minuten Garzeit die Bohnen und Paradeiser zum Fleisch geben. Alles noch weitere 15 Minuten schmoren. Ofen ausschalten und die Keule noch 30 Minuten im Ofen ziehen lassen.

5 Fleisch aus dem Topf heben, in dünne Scheiben schneiden, auf Teller geben und mit Olivenöl beträufeln. Eventuell mit Selleriesalz *(siehe Seite 230)* bestreuen. Mit Paradeisern und Bohnen servieren.

G'SELCHTE RIPPERLN MIT SESAMNIERNDLN À LA »ADI«

Zutaten für 4 Portionen

1 kg g'selchte Ripperln, 1 Lorbeerblatt, 1 TL Pfefferkörner, 3 Wacholderbeeren, 3 Schweinsnieren, 2 Chilischoten, 4 Schalotten, 1 Knoblauchzehe, 1 EL Sesamöl, 2 EL Honig, 60 ml Balsamessig, 60 ml Sojasauce, 2 TL gehackter Ingwer, 1 EL schwarze Sesamsamen, evtl. Tapiokamehl, Majoran

1 Ripperln in Wasser mit Lorbeerblatt, Pfeffer und Wacholder etwa 1 Stunde weich kochen; so lange kochen, bis sich die Knochen leicht vom Fleisch lösen lassen. Ripperln zum Warmhalten im Fond lassen.

2 Nieren der Länge nach halbieren, Fett und Stränge ausschneiden. Nieren in 5 mm große Würfel schneiden und etwa 20 Minuten in kaltes Wasser legen.

3 Chilischoten waschen und der Länge nach aufschneiden. Schalotten schälen und in Scheiben schneiden. Knoblauch schälen und hacken.

4 Sesamöl in einem Topf erhitzen, Schalottenscheiben und Chilischoten darin anschwitzen. Honig, Essig, Sojasauce, Ingwer und Knoblauch einrühren. Alles ein paar Minuten leise kochen.

5 Nieren abseihen, trocken tupfen und in die Sauce legen. Sesamsamen einrühren. Nieren in der Sauce ein paar Minuten köcheln; die Sauce sollte fast sirupartige Konsistenz erreichen, eventuell durch Einrühren von in kaltem Wasser aufgelöstem Tapiokamehl binden.

6 Fleisch von den Ripperln lösen und auf Teller legen. Nierndlragout darüberziehen und alles mit Majoranblättchen bestreut servieren.
Dazu passt Fladenbrot, wie im nächsten Rezept beschrieben.

FLADENBROT

Zutaten für ca. 800 g

70 g Butter, 150 ml Milch, 150 g Roggenmehl, 150 g Weizenmehl, 150 g grob geschrotete Roggenkörner, 50 g Haferflocken, 1 TL Backpulver, 10 g Germ, 15 g Salz, 1 EL Zucker, 1 TL Anissamen

1 Butter mit Milch und 150 ml Wasser erwärmen, bis die But-

»Mit Brot beginnt's, mit Kuchen hört's auf – der Rest ist Zwischenspiel«, SAGT LISI, DIE AUCH DEM BROTBACKOFEN FEUER MACHT.

»Für die guten Wallergröstln niemals nehmet Wallerrestln!«,
SAGT TOMAS, DER GARDEMANGIER UND POISSONNIER.

ter geschmolzen ist. Flüssigkeit mit den übrigen Zutaten verkneten. 1 Stunde ruhen lassen.

2 Backofen auf 220 °C vorheizen. Teig etwa 5 mm dick ausrollen, auf ein bemehltes Blech geben und im Ofen etwa 10 Minuten backen, bis der Teig durchgebacken ist.

3 Brot im Ofen bei 50 °C 1 bis 2 Stunden nachtrocknen lassen.

WALLERGRÖSTL
Zutaten für 4 Portionen

600 g Erdäpfel, Salz, 4 Knoblauchzehen, 400 g Wallerfilet, ca. 5 EL Pflanzenöl, Balsamessig, Schnittlauch, Essigkapern

1 Erdäpfel waschen und in gesalzenem Wasser kochen. Erdäpfel schälen und in etwa 1 cm dicke Scheiben schneiden.

2 Knoblauch schälen und in Scheiben schneiden. Wallerfilet waschen und in Stücke von etwa 3 x 3 cm schneiden.

3 In einer großen Pfanne etwa 3 EL Öl erhitzen, Wallerstücke mit der Hautseite nach unten in die Pfanne legen und gemeinsam mit Knoblauch braten, bis der Fisch nur noch im Kern leicht glasig ist. Waller mit ein paar Spritzern Balsamessig und Salz würzen, aus der Pfanne heben und warm halten.

4 Etwa 2 EL Öl erhitzen und die Erdäpfel darin beidseitig goldbraun braten.

5 Erdäpfel und Waller vermischen, auf Tellern anrichten. Mit Schnittlauch und gehackten Kapern bestreut servieren.

OCHSENSCHLEPP IN ERDÄPFELPÜREE
Zutaten für 6 Portionen

2 Karotten, 1 Stange Sellerie, 2 Zwiebeln, ca. 2 EL Olivenöl, 1 Ochsenschlepp (in Scheiben geschnitten), 1 Scheibe durchwachsener Speck (ca. 3 mm dick), 1½ l Rotwein, 1 TL Paradeismark, 2 Zweige Thymian, 1 Zweig Rosmarin, 2 Gewürznelken, 8 schwarze Pfefferkörner, 2 Knoblauchzehen
Für das Püree: 400 g mehligkochende Erdäpfel, Salz, 1 Prise Kümmel (ganz), ca. 60 ml Milch, ca. 60 g Butter, Olivenöl, Salz, Pfeffer, Muskatnuss, Butter für die Pfanne
Für das Pilzragout:
2 Schalotten, 1 Knoblauchzehe, 100 g Pilze (am besten Steinpilze), Kräuter (z.B. Liebstöckel, Estragon, Kerbel, Thymian und Rosmarin) 1 EL Butter, Salz, Pfeffer

1 Karotten und Stangensellerie putzen und in Stücke schneiden. Zwiebeln schälen und in Scheiben schneiden.

2 In einem Schmortopf Olivenöl erhitzen, Ochsenschlepp und Speck dazugeben. Ochsenschleppscheiben rundherum anbraten. Vorbereitetes Gemüse dazugeben, mit Wein aufgießen und Paradeismark einrühren. Flüssigkeit aufkochen, aufsteigenden Schaum abschöpfen. Thymian, Rosmarin, Nelken, Pfefferkörner und Knoblauch (ungeschält) dazugeben. Ochsenschlepp zugedeckt etwa 4 Stunden kochen, bis sich das Fleisch von den Knochen löst.

3 Für das Püree zwei Drittel der Erdäpfel schälen, in Stücke schneiden, in gesalzenem Wasser mit Kümmel weich kochen und abseihen. Erdäpfel durch die Presse drücken, mit warmer Milch, Butter und Olivenöl nach Bedarf zu einem Püree rühren. Mit Salz, Pfeffer und Muskatnuss abschmecken.

4 Für das Ragout Schalotten und Knoblauch schälen und klein

schneiden. Pilze putzen und klein schneiden. Kräuter hacken, man benötigt davon etwa 2 EL voll. Pilze mit Schalotten und Knoblauch in Butter anschwitzen. Kräuter unterheben und das Ragout mit Salz und Pfeffer abschmecken.

5 Backofen auf 250 °C vorheizen. Ochsenschlepp abseihen, den Fond auffangen und entfetten. Fleisch von den Knochen und Knorpeln lösen.

6 In eine gebutterte Pfanne sechs Metallringe setzen. Restliche Erdäpfel schälen, in sehr dünne Scheiben schneiden und in die Ringe legen. Erdäpfelpüree daraufstreichen, Fleisch auf das Püree legen, Pilzragout darauf verteilen, mit restlichem Püree abschließen. Im Ofen etwa 15 Minuten backen.

7 Fleisch in Püree aus den Formen lösen und auf Teller setzen.

Dazu passt eine Rotweinsauce, wie beim Rindskotelett auf Seite 239 beschrieben.

KASPRESSKNÖDEL
Zutaten für 4 Portionen

4 altbackene Semmeln oder 200 g Knödelbrot, 2 Eier, ca. 120 ml Milch, 100 g leicht schmelzender Käse (z.B. Tilsiter), 100 g Graukäse, 1 Zwiebel, Butter, Salz, Pfeffer, Muskatnuss, 1 EL Mehl, Pflanzenöl, ca. 1 l Rindssuppe, Schnittlauch, Liebstöckel

1 Altbackene Semmeln in Würfel schneiden. Eier und Mich verquirlen. Käse in kleine Würfel schneiden. Zwiebel schälen, klein schneiden und in 2 EL Butter anschwitzen.

2 Semmeln oder Knödelbrot mit der angeschwitzten Zwiebel, Käse, Salz, Pfeffer, Muskatnuss, Mehl und Eiermilch vermischen. Masse zusammendrücken und etwa 30 Minuten ruhen lassen. Die Masse sollte gut durchfeuchtet sein. Konsistenz durch Zugabe von mehr oder weniger Milch einstellen.

3 Aus der Masse Laibchen formen und diese in halb Butter, halb Öl braten, bis die Unterseite schön braun ist. Laibchen wenden und auf der anderen Seite bei zugedeckter Pfanne braten (Bratzeit insgesamt etwa 5 Minuten).

4 Suppe erhitzen und in Teller schöpfen. Kaspressknödel einlegen und mit Schnittlauch und Liebstöckel bestreut servieren.

Noch interessanter werden diese Knödel, wenn man 1 Handvoll junge Brennnesselblätter blanchiert, klein schneidet und in die Knödelmasse mischt.

HASCHEEKNÖDEL MIT RÜBENKRAUT
Zutaten für 4 Portionen

Für das Rübenkraut: 500 g weiße Rübchen, Salz, ein paar Spritzer Estragonessig, 2 EL Sauerrahm und/oder 1 EL Schotten

Für die Knödel: gekochtes Rindfleisch und gebratenes Schweinefleisch (gesamt ca. 250 g), 1 kleine Zwiebel, 2 Knoblauchzehen, 3 EL gehackte Petersilie, 1 TL Majoran (getrocknet), 2 EL Butter, 400 g Semmelwürfel (oder 6 altbackene Semmeln in Scheiben), Salz, Pfeffer, Kümmel (gemahlen), evtl. Steinpilzmehl *(siehe Seite 143)*, ca. 4 EL glattes Mehl, ca. 200 ml Milch, 1 Ei, ca. 1 l Rindssuppe

1 Für das Rübenkraut die Rüben schälen, fein hobeln, mit Salz und ein paar Spritzern Essig vermischen und 1 Stunde ziehen lassen. Rübenkraut ausdrücken und mit Rahm und/oder Schotten vermischen.

»Zu Haus' ist, wo man Gelis Gugelhupf isst«, SAGEN RUDI UND MAX OBAUER, UND FRAU GELI FINDET DAS SEHR RICHTIG.

2 Für die Knödel das Fleisch in Stücke schneiden und durch den Fleischwolf drehen.

3 Zwiebel schälen, klein schneiden und mit gepresstem Knoblauch, Petersilie und Majoran in Butter anschwitzen. Mit dem Faschierten, Semmelwürfeln, Salz, Pfeffer, Kümmel, eventuell ein wenig Steinpilzmehl und Mehl vermischen.

4 Milch aufkochen und auf die Masse gießen. Ei einrühren. Masse ein wenig zusammendrücken und etwa 30 Minuten ziehen lassen – die Masse sollte gut durchfeuchtet sein; Konsistenz durch Zugabe von Milch oder Mehl einstellen.

5 Mit bemehlten Händen aus der Masse kleine Knödel formen. Knödel in heiße Suppe legen und darin knapp unter dem Siedepunkt etwa 10 Minuten gar ziehen lassen.

6 Knödel aus der Suppe heben und mit Rübenkraut servieren.
Statt Rübenkraut passt ebenso Sauerkraut. Man kann die Knödel auch in der Suppe servieren, in diesem Fall auf das Kraut als Beilage verzichten.

»Mandelbögen muss man mögen!«, sagt Karl Obauer, lässt aber immer wieder auch ein paar Bögen für die Gäste übrig.

GRAPPA-ERDÄPFEL
Zutaten für 4 Portionen

1 kg mittelgroße, festkochende Erdäpfel, grobes Meersalz, 120 ml Grappa, 125 g Crème fraîche

1 Backofen auf 210 °C vorheizen. Erdäpfel gründlich waschen. In einen ofenfesten Topf oder auf ein Backblech etwa 5 mm hoch Salz streuen, Erdäpfel in das Salz setzen und im Ofen etwa 45 Minuten garen.

2 Erdäpfel oben einschneiden, aufquetschen, in die Höhlungen Salz streuen, großzügig Grappa in die Erdäpfel gießen und mit jeweils 1 EL Crème fraîche abschließen.
Darauf passt Kaviar aller Arten.

GUGELHUPF MIT NOUGATCREME
Zutaten für 1 Gugelhupf

3 Eier, 250 g Schlagobers, 250 g Zucker, 1 Pck. Vanillezucker, 250 g glattes Mehl, ½ Pck. Backpulver, 3 EL Milch, 3 EL Nougatcreme (z.B. Nutella), Butter und Mehl für die Form

1 Backofen auf 180 °C vorheizen. Eier trennen. Obers halbfest schlagen, unter weiterem Schlagen Zucker und Vanillezucker einarbeiten. Dotter nach und nach einrühren. Mehl, Backpulver und Milch unterheben.

2 Eiklar zu Schnee schlagen und unter die Masse ziehen. Ein Drittel der Masse mit Nougatcreme verrühren.

3 Eine Gugelhupfform mit Butter ausstreichen und mit Mehl ausstreuen. Zuerst die mit Nougat vermischte Masse einfüllen, dann den Rest.

4 Gugelhupf im Ofen etwa 1 Stunde backen.

MANDELBÖGEN

80 g Butter, 170 g Eiklar, 100 g gehobelte Mandeln, 100 g Staubzucker, 20 g glattes Mehl

1 Butter schmelzen, alle Zutaten verrühren und die Masse mindestens 2 Stunden ruhen lassen.

2 Backofen auf 220 °C vorheizen. Masse in dünnen Scheiben auf Backtrennpapier streichen. Im Ofen etwa 10 Minuten goldbraun backen.

3 Mit einer Spachtel vom Papier heben, sofort auf eine gewölbte Form legen (z.B. Rehrückenform) und auskühlen lassen.

Lexikon

Aranzini Eine österreichische Bezeichnung für Orangeat, was wieder für kandierte Orangenschalen steht. Der Diminutiv in A. deutet schon an, dass diese vor allem in klein gehackter Form die größte Dienlichkeit entfalten. In manchen traditionellen → Mehlspeisen wie dem Bischofsbrot und dem Kletzenbrot sind A. völlig unentbehrlich, sie können aber auch Fischgerichten und Gerichten mit Meeresfrüchten einen interessanten Aromaakzent verleihen.

Bachkresse Auch Wasserkresse oder Brunnenkresse genannt. Gedeiht oft üppig an und in nährstoffreichen Bächen, Flüssen und Teichen. Der Geschmack ist würzig bis mäßig scharf, die Blätter sind deutlich größer als die der als Handelsware verbreiteten Gartenkresse.

Backerln Bäckchen. Ehemals unbeachtete, zuletzt aber sehr modern gewordene Fleischteile. Speziell sind dies Kalbsb. und Rindsb., die gern geschmort werden. Auch große Fische wie Waller und Seeteufel haben attraktive B., wobei erstgenannte nach dem Rezept auf Seite 102 dieses Buches zu einem anmutigen Gericht verarbeitet werden können. Das Wort »anmutig« stellt eine Verbindung zu dem in Österreich nach wie vor bekannten, wenn auch schon ein wenig aus der Zeit geratenen Ausdruck »backschierlich« her, der das genannte »anmutig« sowie »nett« und »herzig« zum Ausdruck bringt.

Balsamessig Was Balsam für die Seele, ist B. auf Salatzubereitungen. Nämlich ein mildes Wundermittel für ungeahnte Lebensfreude. Mit dem sehr verbreiteten Balsamico-Essig bzw. dem Aceto Balsamico Tradizionale (der wertvollen unter den unzählig vielen Balsamico-Abfüllungen) hat B. die Wortwurzel gemeinsam, ist jedoch eine eigenständige Spezialität mit österreichischem Ursprung. Balsam-Apfelessig wurde vor etwa 30 Jahren vom steirischen Obstgärtner, Schnapsbrenner und Essigmacher Alois Gölles entwickelt. Mittlerweile wird B. auch von zahlreichen anderen Essigbrauern hergestellt und sind auch Balsam-Birnenessig und Weißer B. erhältlich.

Beinfleisch Anders als in Deutschland wird das Beinfleisch in Österreich nicht von der Hesse geschnitten (die hier übrigens »Wadl« heißen würde), sondern ist ein Teil der Rindsbrust. Das preisgünstige Stück wird üblicherweise mit den Knochen (in diesem Fall den Rippen) verkauft, hat Knorpel, ist reich an Sehnen und mit Fett durchzogen. Es eignet sich daher vornehmlich für das Kochen von Suppe und für die Zubereitung von Eintöpfen.

Beiried Roastbeef, Zwischenrippenstück

Bierradi, Radi *Raphanus sativus,* ein Kreuzblütengewächs wie Kohl und Brokkoli, das gewaltige und äußerst schmackhafte Wurzeln entwickelt. Stammt sehr wahrscheinlich aus dem Nahen Osten und wurde wegen des hervorragenden Zusammenspiels mit dem Bier und einer nachhaltig durstfördernden Wirkung im bayrischen und dem nahe liegenden Alpenraum mit der Funktionsbezeichnung B. versehen sowie in den Stand eines Grundnahrungsmittels erhoben. Die im Bayrischen wurzelnde Feststellung »Bin i Radi, bin i König« bezieht sich jedoch nicht auf die B.-Wurzel, sondern wurde von dem in den Diensten des TSV 1860 München wahre Heldentaten vollbringenden Fußballtorhüter Petar »Radi« Radenković als Ausdruck seiner Schaffensfreude der bayrischen Aphorismensammlung und via Schallplatte dem deutschen Liedgut beigesteuert.

Blaukraut Je nach geografischer Breite und Sprachinseln auch Rotkraut oder Rotkohl genannt. Da das Farbempfinden naturgemäß ein subjektives ist und die Farbgebung des Krauts/des Kohls durch Zugabe blauer oder roter Zutaten sowie die Garzeit individuell beeinflusst werden kann, entzünden sich an der Frage ob Blau oder Rot keine leidenschaftlichen Diskussionen. Die Gleichsetzung von Kohl und Kraut ist hingegen weit gravierender, denn keinem eigensprachbewussten Österreicher wird man Kohl zum Knödel schmackhaft machen können, weil zu den Knödeln Kraut gehört, wohingegen Kohl nach Erdäpfeln verlangt. Es erweist sich auch in diesem Fall die Richtigkeit der Feststellung von Karl Kraus, dass das Einzige, das die Deutschen von den Österreichern trennt, die deutsche Sprache ist.

Blunzn Verkürzend und volkstümlich für Blutwurst. Als Adjektiv auch für gleichgültig, unwichtig. Selten jedoch war jemand ein Blunznstrudl wie der auf Seite 30 blunzn.

Eidotter/Eiklar Das Gelbe bzw. das Weiße vom Ei. Ein Richtwert für die Umrechnung von Stück auf Gramm vice versa: Von mittelgroßen Eiern wiegen die Dotter 20 g, die Klar 35 g.

Eierschwammerln Zu gut Deutsch Pfifferlinge, bayrisch Reherl, schweizerisch (wie könnten sie anders heißen?) Eierschwämmli.

Erdäpfel Kartoffeln. Der Sprachäquator, der die Erdäpfel- von der Kartoffelhemisphäre scheidet, verläuft ungeradlinig im Westen Österreichs. Sprachinseln der einen oder anderen Art existieren im gesamten Land, wobei die Erdäpfel oder Kartoffeln in manchen Regionen auch als Grundbirn oder Grumbira bezeichnet werden.

faschieren Durch den Fleischwolf drehen, der in Österreich Faschiermaschin genannt wird.

Fisolen Grüne Bohnen, die in Österreich allerdings nur in Tourismusregionen vorkommen. Bohne ist hier Bohne (also der Same einer Schote), und Fisole ist grün, allenfalls auch gelb. Im Süden sagt man zu den Fisolen auch Strankalan, das aber verstehen (wie so manches andere aus dem Süden) die meisten Österreicher nicht.

Fleckerln Eine in Österreich verbreitete Form der Eierteigware. Fleckerl steht aber auch für »kleiner Fleck«, dessen geometrische Form nicht näher bezeichnet wird.

Germ Hefe

Graukas Eine westösterreichische Spezialität in der namensgebenden Farbe mit leichtem Hang ins Grünliche, fettarm und würzig. Früher ein Armeleuteessen.

Gröstl Etwas Geröstetes. Meistens ein Mischmasch aus mehreren Zutaten. Das klassische Gröstl der österr. Küche ist der aus → Erdäpfeln, Teigwaren und Knödeln kompilierte Grenadiermarsch. Das derzeit populärste ist das Blunzengröstl aus → Erdäpfeln und → Blunzn. Ein besonders bemerkenswertes ist jedenfalls Obauers Wallergröstl (Seite 241).

Häferl Abgeleitet von Hafen, dem großen, meist irdenen Gefäß. Also eine große Tasse, meist mit Henkel.

Hallimasch Ein zu gering geschätzter Pilz, der auch Stuppling oder Hallawatsch genannt wird.

Holler Holunder. Außerhalb der Botanik auch Unsinn (»einen Holler erzählen«).

Jungzwiebel Frühlingszwiebel, Lauchzwiebel, Junglauch

Käferbohnen Auch Feuerbohne. Eine scheckige Bohnensorte, die vor allem in der Steiermark höchst beliebt ist und gemeinsam mit Kürbiskernöl zu den großen Genüssen zählt.

Kaiserteil Ein Stück von der Innenseite des Rindsschlegels, zu dem man auch Keule sagt.

Kalbsvögerl Ein zapfenförmiges Stück, das am oberen Ende der hinteren Stelze (Haxe) ansetzt.

Karfiol Blumenkohl

Kren Meerrettich. Im Wortlaut »Etwas ist zum Krenreiben« auch Bezeichnung für »unnützes Zeug«.

Kukuruz Mais

Kutteln Kaldaunen, Fleck. Ehemals die Zutat eines Armeleuteessens, später beliebte Speise von Caniden, heute in den besten Restaurants anzutreffen.

Lungenbraten Nichts von der Lunge (die wäre in österreichischer Küchensprache ein Beuschel), sondern das Filet. Ohne nähere Spezifikation versteht man unter Lungenbraten das Filet vom Rind, es wird aber auch vom Schweinslungenbraten oder Kalbslungenbraten gesprochen.

Maggi Eine Würzsauce mit ca. 125-jähriger Geschichte. Entwickelt im Unternehmen des Julius Maggi, der über den Umweg dieses Produkts zum Namenspatron einer Pflanze mit eigentlich ganz anderem Namen wurde: dem Liebstöckel, der wegen seiner aromatischen Verwandtschaft zum gegenständlichen Würzmittel auch Maggikraut genannt wird.

Marille Aprikose. Während Aprikose in seinem Wortstamm auf das lateinische *praecox* für frühreif zurückgeht, leitet sich die in Österreich gebräuchliche Bezeichnung Marille von *(prunum) Armeniacum*, der armenischen Pflaume, ab.

Maroni Edelkastanie. Während in Frankreich und Italien unter *marron* bzw. *marroni* nur ausgesucht große Früchte verstanden werden, gehen in Österreich alle Edelkastanien als Maroni durch.

Mehl, glattes, griffiges Fein ausgemahlenes bzw. grob ausgemahlenes Mehl.

Mehlspeise Österr. für zumeist warme Nachspeise. Wobei Mehlspeisen wie der Kaiserschmarren, der Kipferlschmarren, der Reisauflauf (eine Mehlspeise ohne Mehl!) etc. auch als Hauptgericht fungieren können. Ist die Mehlspeise besonders elegant – wie etwa Salzburger Nockerln oder Soufflés – sagt man dazu Nachspeise.

Melanzani Aubergine oder Eierfrucht.

Milchbrot Brioche. Kommt in österreichischen Bäckereien und Konditoreien als Kipferl und Strietzel vor und ist eine hervorragende Zutat für → Mehlspeisen.

Mocca, Mokka Bezeichnung für kleinen schwarzen, starken Kaffee, bevor diese Bezeichnung von Espresso und Ristretto weitgehend verdrängt wurde. Eigentlich Name einer Kaffeebohnensorte.

Nockenkäs Käsesorte, die sich besonders gut für die Zubereitung für Kasnocken vulgo Kässpätzle oder Käsknöpfle eignet.

Nockerl Kleine Nocken in der Art von Gnocchi, jedoch niemals mit → Erdäpfeln

Ochsenschlepp Ochsenschwanz. Eigentlich Rindsschwanz, da auch die Schwänze der Kühe und Stiere die gleiche kulinarische Funktion wie die der Ochsen haben.

Paradeiser Tomaten. Wie auch bei den → Erdäpfeln/Kartoffeln wird Österreich betr. der Paradeis-Tomaten durch einen Sprachäquator geteilt, der in diesem Fall ungefähr im Grenzgebiet zwischen Oberösterreich und Salzburg bzw. Kärnten und Osttirol liegt. Wer die ureigentliche Bezeichnung dieser Frucht ergründen wollte, fände rasch heraus, dass Tomate auf das *xitomatl* der Maya zurückgeht, während sich Paradeiser an den Paradiesapfel anlehnt (der noch ein wenig früher in der Geschichte auftaucht).

Pfefferoni Chili, Pepperoni

Pignoli Pinienkerne

Pofesen Auch als Arme Ritter, Fotzelschnitten, Bavesen etc. bekannt. In Milch und/oder Ei eingeweichte Brotscheiben mit einer Fülle dazwischen, die in Fett ausgebacken oder in Suppe eingelegt werden.

QimiQ Ein Milchprodukt mit Gelatine und daher erhöhter Bindekraft.

Rahm Eigentlich Sauerrahm. Im Westen Österreichs aber auch Bezeichnung für Schlagobers.

Ribisel Johannisbeeren

Rieddeckel Fettdurchzogenes Gewebe, das auf der → Beiried liegt.

Röhrlsalat Löwenzahnsalat, wobei sich die Bezeichnung von den hohlen Stängeln der Löwenzahnblätter ableitet.

Rona Rote Rüben. Auch Roner oder Ronen.

Saubohnen Ackerbohnen, deren delikaten Kerne nur mit viel küchentechnischem Aufwand zu gewinnen sind (was sozusagen eine Sauarbeit darstellt). Die Kerne müssen aus den pelzigen Schoten ausgelöst, dann blanchiert und schließlich geschält werden.

Schlagobers Sahne. In Österreich mit 36 % Fett im Handel.

Schmalz Ohne nähere Bezeichnung das Fett vom Schwein. Gebräuchlich sind auch Butterschmalz (geklärte und daher hoch erhitzbare Butter), Gänseschmalz und Entenschmalz.

Schotten Ähnlich dem Topfen, aber aus Buttermilch gemacht.

Schwarzbeeren Blaubeeren, womit die Farbe besser zum Ausdruck gebracht wird, weil die Beeren eher dunkelblau als hellschwarz sind. Oder Heidelbeeren, was auch ein wenig unkorrekt ist, weil die Beeren genauso gern in lichten Wäldern wie in waldlosen Heiden gedeihen.

Spitzkraut Zartblättrige, längliche Krautsorte, die in manchen Regionen – diese Problematik hatten wir auch schon bei → Blaukraut – auch als Spitzkohl bezeichnet wird.

stauben Etwas zart bestreuen; küchentechnisch zumeist mit Mehl.

Stelze Eisbein, wobei diese Bezeichnung in Österreich eher negativ konnotiert ist und sprachverspreizten Urlaubern aus dem Norden zugeschrieben wird.

Sterz Ein der Polenta nicht unähnlicher Brei aus Maisgrieß oder Buchweizenmehl. Die Konsistenz kann zwischen cremig und schnittfest variieren.

Sterzmehl Das oder der für die Zubereitung des → Sterzes erforderliche Buchweizenmehl oder Maisgrieß.

Stücklkraut Abgeleitet von Stöcklkraut. Dafür wird Weißkraut in Stücke geschnitten, in Suppe weich gekocht und mit → Schmalz übergossen oder mit einem Braten fertig gegart. Für Stückl-/Stöcklkraut wird kein weiches → Spitzkraut, sondern rundes, hartes Steinkraut verwendet.

Sur Eine stark salzhaltige Flüssigkeit für das Suren, das mit Pökeln gleichzusetzen ist.

Topfen Quark aus Magermilch

Welschriesling Eine fruchtige Weißweinsorte mit hauptsächlicher Verbreitung in Österreich und den Kronländern der k. u. k. Monarchie.

wutzeln Behelfsmäßig mit »rollen« zu übersetzen. Durch einfaches Rollen eines Erdäpfelteigs würden allerdings Rollen entstehen und keine gewuzelten Nudeln, die sich durch spitze Enden und bauchige Mitte auszeichnen.

Zwetschke Zwetschge. Eine Frucht aus der Familie der Pflaumen, allerdings kleiner, zumeist aromatischer und manchmal umständlicher, weil sich der Kern besonders bei Hauszwetschken und den mit diesen eng verwandten Kriecherln nicht oder nur schwer vom Fruchtfleisch trennen lässt.

Register

BILDNACHWEIS: Cover Hintergrund (S. 7): ©istockphoto.com/enviromantic; ©20thCentFox (S. 170, r. u.); Köhlers Medizinal-Pflanzen in naturgetreuen Abbildungen, 1883-1914 (S. 25, 143, 202); Carl Axel Magnus Lindman: Bilder ur Nordens Flora, 1901-1905 (S. 96); Sturm: Deutschlands Flora in Abbildungen, 1796 (S. 58, 160); Otto Wilhelm Thomé: Flora von Deutschland, Österreich und der Schweiz, 1885 (S. 102, 178); Wolfgang Weber (S. 7).